U0087710

愛戀‧顛狂‧**愛丁堡**

——征服愛丁堡藝術節

廖瑩芝／著

緣 起 / 背起行囊，只因藝遊未盡

關於旅行，每個人的腦海裡都可以浮現出千姿百態的形象與色彩。它像是一個自明的發光體，對著渴望成行的人頻頻閃爍它帶著夢想的光芒。剛回來的旅人，或許精神百倍彷彿充滿了超強電力般地在現實生活裡繼續戰鬥；也或許失魂落魄地沉溺在那一段段美好的回憶中久久不能回神，乾脆盤算起下一次的旅遊計畫，把它當成每天必服的鎮定劑。

旅行，容易讓人上癮。

上癮的原因很多，且因人而異，然而探究其中，不免發現旅行中那種暫時脫離現實的美感與自由，或許便是我們渴望出走的動力。在跳出現實壓力鍋的剎那，我們的心靈暫時恢復了清澄與寧靜，彷彿能夠看到一個與平時不同的自己。這種與自我重新對話的情景，也出現在許多藝術欣賞的審美經驗中。

如果你曾經站在某件畫作前面感到怦然心動、流連不去；如果你曾經在聽到某段旋律時，突然感到熱血澎湃或不知為何已經鼻頭一酸、眼眶泛紅；如果你曾經在劇場裡瘋狂大笑，或者根本崩潰決堤；如果你曾經在不知名的街頭被不知名的建築所吸引或驚嚇。基本上，你已經具備了上癮的潛力。不論你是喜歡品畫、看戲、觀舞、賞樂，或是對於建築特別有感覺，只要這種迷幻般的體驗再多個那麼幾次，晉身藝術上癮行列應是指日可待。因為，在藝術的魔幻世界裡，平日壓抑的情緒得到抒發的出口，受縛的心靈將被釋放，現實的殘酷與不堪都在與藝術家的心靈交流中被忽略、遺忘，自我的純真性情再度啟動。

因此，審美過程是一項由外而內的成長蛻變，就如同旅人在受到外在環境的衝擊下，反過頭來更能夠清晰地感受內在真實的自我。藝術的美好與旅行的驚喜，都讓人一試成癮、欲罷不能。如果將這兩者結合並行，想必更是美夢成真了。許多藝術愛好者平日收藏畫冊、CD、DVD，遇到難得前來的世界級博物館

特展或知名表演團體，只好在萬頭鑽動的展場中冒著快要缺氧的風險與眾人較勁卡位，再不然就要縮衣節食個一陣子，好砸鈔票去搶購那音樂廳或劇院裡寶貴的位置。然而最後能看到聽到的，卻可能因為過程的艱辛而大打折扣了。

真的只能這樣嗎？到巴黎奧賽美術館親睹印象派大師真跡、到柏林愛樂廳聆聽賽門拉圖的馬勒第五、到倫敦皇家歌劇院觀賞一齣普契尼的「托斯卡」、到梵諦岡循著米開朗基羅的步伐登上聖彼得大教堂俯瞰大地……，難道真的那麼遙不可及？

絕對不是！

東大圖書的「藝遊未盡」系列，將打破以上迷思，讓所有的藝術愛好者都能從中受益，完成每一段屬於自己的夢幻之旅。

近年來，國人旅行風氣盛行，主題式旅遊更成為熱門的選項。然而由他人所規劃主導的「╳╳之旅」，雖然省去了自己規劃行程的繁瑣工作，卻也失去了隨心所欲的樂趣。但是要在陌生的國度裡，克服語言、環境與心理的障礙，享受旅程的美妙滋味，除非心臟夠強、神經夠大條、運氣夠好，否則事前做好功課絕對是建立信心的基本條件。

「藝遊未盡」系列就是一套以國家或城市為架構，結合藝術文化（包含視覺藝術、建築、音樂、舞蹈、戲劇或藝術節）與旅遊概念的叢書，透過不同領域作者實地的異國生活及旅遊經驗，挖掘各個國家的藝術風貌，帶領讀者先行享受一趟藝術主題旅遊，也期望每位喜歡藝術與旅遊的讀者，都能夠大膽地規劃符合自己興趣與需要的行程，你將會發現不一樣的世界、不一樣的自己。

旅行從什麼時候開始？不是在前往機場的路上，不是在登機口前等待著閘門開啟，而是當你腦海中浮現起想走的念頭當下，一次可能美好的旅程已經開始，就看你是否能夠繼續下去，真正地背起行囊，讓一切「藝遊未盡」！

緣　起

Preface 自序

愛丁堡藝術節的迷人，無可言喻！它讓我在過去10年的歲月中一再地重返，也一再地深深悸動而無法自己。它總是充滿了驚喜與令人讚嘆的無限創意，同時又滿溢著讓人瘋狂臣服的幽默感，但是更重要的是：它那無法預期甚至讓某些人無法招架的顛覆與自由精神！藝術之所以讓人嚮往，絕不僅只是因為它所能呈現的「美」，更是因為它展現出了人類內在的無限：衝破界限的想像馳騁、跨越疆域的自由無羈。我們的身體或許會被各式各樣的社會規約與禮俗所綑綁與限制，但這個世界卻絕對無法控制我們內在的真實感受，而藝術就是那將我們內在的真實幻化成詭譎多變的形式，讓內心隱藏的叛逆與顛覆可以大刺刺地「偷渡」到這充滿尺度衡量與規約交錯的世界，跳脫了平日所無法踰越的束縛，擁抱著人類內在所追求的超脫與自由。藝術對我來說，是人類內在的終極自由，它愈是多元、顛覆，才愈能展現出真正的自由精神。也就是如此，愛丁堡藝術節的重要性無可取代：在節慶般的狂歡喧鬧表象下，愛丁堡藝術節其實正不斷地拓展且挑戰人類文明的自由疆域！！如果你／妳相信自由，那麼你／妳一定會愛上愛丁堡藝術節！

Dongen

緣　起　背起行囊，只因藝遊未盡
自　序

前言

迷思大破解
——你無法不愛上的愛丁堡藝術節！

14　**迷思一：英文太破不能去「愛丁堡藝術節」？**

14　**迷思二：欣賞藝術很花錢？**

15　**迷思三：藝術節的表演都怪怪的、看不懂！**

15　**迷思四：特地去找愛丁堡藝術節的場地很麻煩耶！**

愛戀・顛狂・**愛丁堡**

—— 征服愛丁堡藝術節

contents

Step 1 如何使用本書

18　時間有限、迅速挑選

18　細細品嘗、深入了解

19　鎖定特定藝文類型

Step 2 看熱鬧？看門道！
——愛丁堡藝術節總覽

愛丁堡藝術節之時間表　22

24　聲勢浩大的八大藝術節

1. 愛丁堡藝穗節　25

　A. 愛丁堡喜劇節　31

　B. 免費藝穗節　32

2. 愛丁堡軍樂節　*34*

3. 愛丁堡國際藝術節　*36*

4. 愛丁堡爵士藍調音樂節　*41*

5. 愛丁堡國際書展　*42*

6. 愛丁堡視覺藝術節　*44*

7. 性靈和平節　*45*

8. 愛丁堡多元文化藝術節　*46*

50　**變化多端的另類藝術節**

　　51　*充滿熱力與理想的……*

1. 前衛熱門音樂節　*51*

2. 人民盛會　*52*

3. 互動媒體藝術節　*52*

4. 政論盛會　*53*

　　54　*新進的與那消逝的……*

56　**五花八門的感官解放新體驗！**

1. 無法無天的惡搞爆笑　*56*

2. 限制級的另類特技？!　*60*

3. 微醺誘惑　*63*

4. 最豐富的肢體劇場展演　*64*

5. 童真與意境的人偶想像　*67*

6. 別有洞天的展演空間運用　*68*

7. 跨文化藝術饗宴　*71*

Step 3 驚豔乎？踩雷否？
—— 如何挑選最麻吉的好節目

73　了解自己喜好的藝術類型

　　★★表演藝術小辭典★★　74

　　愛丁堡藝術節之藝術類型一覽表　78

80　各式資訊何處尋？

　　1. 街頭廣告傳單　80
　　2. 各項藝術節之節目總覽手冊　80
　　★★征服厚重的藝穗節節目手冊★★　82
　　3. 各展演場地的節目總覽手冊　88
　　4. 藝術節特刊　90
　　5. 專業藝文報刊　100

100　輕鬆小撇步

1. 挑選較具藝文聲望的媒體　*102*

2. 只看獲得四顆星以上之表演　*102*

3. 了解各種主要獎項之屬性　*104*

 **Step 4　精打細算實用攻略**
　　　　　——購票&交通食宿小撇步

112　**聰明購票省最大**

1. 學生、殘障、敬老優惠票　*112*

2. 買一送一　*113*

3. 預演優惠　*113*

4. 半價票亭　*114*

5. 折價券：傳單、報紙、雜誌……等　*115*

6. 非週末場次　*116*

7. 加入網路會員　*116*

8. 提早購票　*117*

119　行：四方通行愛丁堡

1. 航　空 *119*
2. 鐵　路 *120*
3. 客　運 *122*
4. 市區大眾運輸 *123*

124　食：一口咬住愛丁堡

126　室內篇：餐廳用餐不煩惱……

1. 美食評鑑老饕愛 *126*
2. PUB 用餐不奇怪 *129*
3. 輕食 CAFÉ 樂逍遙 *130*
4. 一網打盡美食街 *133*
★★用餐小撇步★★ *134*

137 *戶外篇：夏日野餐好所在……*

1. 飽覽美景的野餐好去處 *137*
   A. 王子街花園 (Princes Street Gardens) *137*
   B. 深谷村落 (Dean Village) *139*
   C. 聖十字公園 (Holyrood Park) *140*
   D. 卡頓丘 (Calton Hill) *142*
   E. 草原公園 (The Meadows) *145*
2. 夏日野餐美食：超市與外帶小吃 *146*
   A. 超市熟食區 *146*
   B. 外帶小吃 *149*

附錄

164 **愛丁堡市區實用地圖**

MAP-1（新城區為主） *166*
MAP-2（舊城區為主） *168*
地圖索引 1（按編號排列） *170*
地圖索引 2（按字母排列） *177*

152 **住：落腳愛丁堡**

1. 基本原則 *152*
   A. 提早預訂是必要的！ *152*
   B. 便利、治安與品質 *154*
2. 聰明住宿提案 *155*
   A. 交通及生活機能便利之處 *155*
   B. 遠離塵囂的優美休憩城郊 *158*
   C. 露營區 *160*
   ★★旅店小辭典★★ *161*

前言：迷思大破解

——你無法不愛上的愛丁堡藝術節！

八月的愛丁堡是個隨時充滿驚奇的不夜城。「愛丁堡藝術節」代表的不是一個單一的藝術展演，而是指好幾個不同性質、不同訴求以及不同藝文型態的藝術節，同時在這個優雅迷人的藝術古城舉行。舉凡戲劇、音樂、美術、電影、文學及遊行展演，只要是你想得到的藝術形式，全都能在八月的愛丁堡藝術節看得到。這是個奇妙的繽紛時節，因為整個八月，在愛丁堡的每條巷弄、每個角落，甚至是平日不起眼且形同廢墟的一小塊空間，都瞬間活了起來，不但有了人聲的喧鬧，更有了令人歡樂的熱情溫度，像是進入了一個絕無冷場的狂歡天堂。

但是，「藝術」這個詞彙，總像是被施予了魔法或是被冠上了遙不可及的光環，常會令人卻步、心生排拒，或是相反地，成為被用來強調「品味」、裝飾身分地位的代表物；而「藝術節」更成為了某些族群用來強調其文化高度的「朝聖」活動。然而這些都不是藝術真正的精神啊！藝術不是教科書，不是用來背誦其道理、展現知識的，它需要你真誠地感受它，只有當你真正放輕鬆地享受它，你也才能「懂」它！種種的迷思與遲疑，讓許多人儘管對愛丁堡藝術節心生嚮往，卻遲遲無法親身體驗它。儘管放心！愛丁堡藝術節正是個完全打破藝術藩籬的狂歡盛會，所有對藝術、藝術節的迷思在這裡都將被完全打破！

❓ 迷思一：英文太破不能去「愛丁堡藝術節」?

錯！錯！錯！大錯特錯！語言從來就不是問題！並非所有的藝術都需要語言，不消說，欣賞各種音樂、繪畫、雕刻、裝置藝術不需要懂英文，即使是看表演藝術，舞蹈、默劇、肢體劇場也完全不需要懂英文，只要你願意放輕鬆地感受它們，你甚至會捨棄對語言的依賴，愛上完全不需語言的各種不同藝術體驗。

❓ 迷思二：欣賞藝術很花錢?

享受愛丁堡藝術節不必是「好野人」！整個愛丁堡藝術節有各式各樣的特價票，只要稍加留意，可以很輕易地享受物超所值的優惠。若你預算有限，無法花錢買票也不用擔心，愛丁堡藝術節期間最著名的便是從早到晚不停歇的街頭表演。只要走到愛丁堡最熱鬧的歷史古街「皇家大道」(Royal Mile) 上，整條街上都是讓你目不暇給的表演，有架起的小舞臺演出、有站在高處的特技演員、有為演出做活廣告的演員們在街上即興演出，甚至散發傳單的宣傳人員都以各種不同的裝扮或踩著高蹺在皇家大道上來回穿梭表演，吸引著眾人的目光。此外，一年比一年壯大的「免費藝穗節」(Free Fringe) 更是首選，千萬別以為免費的表演就一定不好看，相反地，你常會在「免費藝穗節」得到意想不到的驚喜。

愛戀·顛狂·愛丁堡

迷思三：藝術節的表演都怪怪的、看不懂！

在愛丁堡藝術節沒有「看不懂」的問題！這是個匯集爆笑、搞怪、驚奇、幻想與感動的藝術節，觸動你的想像、挑戰你的感官界限，事實上，你會期待它愈怪愈好！在愛丁堡藝術節，不會有看不懂的疑慮，你只需要準備好你的幽默感，放輕鬆地大膽放縱你所有的感官神經，你會發現藝術竟然可以這麼好玩、瘋狂以及葷素不忌！

迷思四：特地去找愛丁堡藝術節的場地很麻煩耶！

到處都是，一點都不麻煩！愛丁堡藝術節期間，整座愛丁堡城完完全全被藝術攻占，實際上是你若想完全不遇到愛丁堡藝術節的藝文活動及場地，還真是不可能！這也是愛丁堡藝術節最迷人的地方，你不需要特地去參加這個藝術節，因為你早已身在其中，而且你很難不被這個充滿歡樂的藝術派對所吸引而駐足，在不經意間，你已忘情地享受這輕鬆自在、隨處可拾的藝術饗宴了。

藝術從來就不是個遙不可及的燦爛光環，它無關乎對錯、無關乎高低，真正重要的是人的內在那最真誠的、拋下束縛的自由感受。而「愛丁堡藝術節」之所以如此壯大無人能及，便是因為它那自由無拘的解放精神，它彰顯著人的內在有著絕對的自由，不受外在教條或任何有形無形的「品味規範」所限制，藝術是心靈自由的代名詞，任何人都可以在「愛丁堡藝術節」找到那真正打動你的藝術。當然，更重要的是：帶著你的幽默感來「愛丁堡藝術節」好好享樂吧！

Step 1 如何使用本書

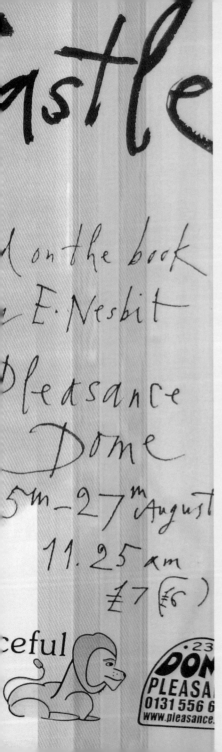

這本書最希望達到的目的，是同時讓入門者以及藝術控都能輕鬆地對愛丁堡藝術節有較多的了解。對於歷史與產業的爬文並非本書的要旨，只有篩選出必要的背景資訊讓讀者對愛丁堡藝術節有整體性了解，最主要的還是要提供各種實用的、便於理解的資訊，讓有意前往愛丁堡藝術節的讀者能毫不猶豫地計畫啟程，並且在過程中全然放鬆地享受這全世界規模最大、最熱鬧、最令人嚮往的藝術盛會。

此外，這本書所提供的資訊也是希望能讓讀者在眼花撩亂的各式藝術節展演中，順利地挑選出符合個人需求與喜好的展演，畢竟若不是對愛丁堡藝術節有著多年的經驗與觀察，很難有效率地篩選資訊，尤其是對於剛入門的人來說，可能光是看到一本將近400頁的愛丁堡藝穗節節目冊就頭昏了，更別提還有其他各式各樣五花八門的藝術節與媒體資訊同時在那等著消化！以下根據不同的需求，提供幾種關於使用本書的方法建議，希望讓讀者在使用本書時能更快地獲取自己所需的資訊。

Step 1

時間有限、迅速挑選

若是時間有限，想要最有效地運用本書挑選出最適合自己的行程、時間與預算的展演，以下為建議的參考步驟：

1. 參考「表演藝術小辭典」（頁74），確定個人喜好的展演類型
2. 依照個人行程時間，決定想要觀賞的展演類型與數量
3. 參考「愛丁堡藝術節之藝術類型一覽表」（頁78），從個人有興趣的展演類型來決定可選擇的藝術節
4. 參考〈看熱鬧？看門道！——愛丁堡藝術節總覽〉（頁20），迅速了解各藝術節的屬性，再挑選出個人較有興趣的藝術節
5. 參考「藝術節特刊」章節（頁90），挑選較貼近各人喜好之媒體，閱讀其評論
6. 只挑選獲得四星以上評價的展演（最高五星）
7. 最後再由個人行程安排篩選展演節目
8. 參考〈精打細算實用攻略〉（頁110），使愛丁堡藝術節之旅更盡興

細細品嘗、深入了解

若你是對各種藝文活動都充滿興趣、想對愛丁堡藝術節有深入了解的藝術控，那就順著本書為你安排的章節閱讀吧，它將循序漸進地引領你進入愛丁堡藝術節多采多姿的世界！

愛戀‧顛狂‧愛丁堡

鎖定特定藝文類型

如果你只對某一種類型的藝文活動特別有興趣，可由右方依照各藝術節之主要屬性所做的簡要分類篩選，直接前往本書關於該藝術類型與藝術節之章節閱讀，可較有效率地獲取本書所提供的資訊：

藝文類型	藝術節
表演藝術類	藝穗節
	國際藝術節
	性靈和平節
	多元文化藝術節
音樂類	爵士藍調音樂節
	藝穗節
	前衛熱門音樂節
	國際藝術節
	性靈和平節
	多元文化藝術節
視覺藝術類	視覺藝術節
	藝穗節
	國際藝術節
	伊斯蘭盛會
演講 & 論壇	國際書展
	人民盛會
	政論盛會
	國際行銷藝術節
	互動媒體藝術節
	伊斯蘭盛會
	性靈和平節

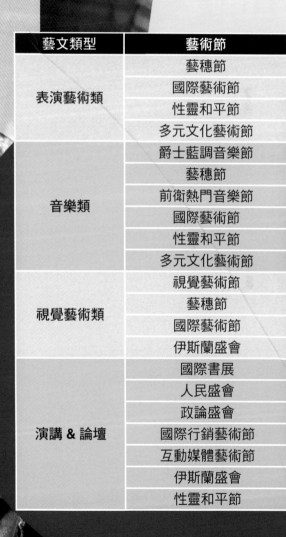

Step 2

看熱鬧？看門道！

—— 愛丁堡藝術節總覽

儘管整個八月的愛丁堡藝術節是由「視覺藝術節」(Edinburgh Art Festival) 率先開始熱身起跑，但早在前一週，也就是七月底便已開始了為期雖短卻讓人心神蕩漾的「爵士藍調音樂節」(Edinburgh Jazz & Blues Festival)。就在愛丁堡的歡樂氣氛逐漸被錯落在城內各處的爵士藍調挑起之時，「視覺藝術節」揭開了八月狂歡的序幕，隨即，享譽國際的「愛丁堡軍樂節」(Edinburgh Military Tattoo) 便正式以炫目懾人的開幕煙火，點燃了愛丁堡八月的狂歡炙熱。緊接著，充滿活力與怪點子且規模最盛大的「愛丁堡藝穗節」(Edinburgh Festival Fringe)，便在八月的第一個星期天以聲勢浩大的開幕遊行讓愛丁堡開始了將延續一整個月的熱鬧喧騰，猶如一場無盡的晝夜狂歡夏日派對。「愛丁堡喜劇節」(Edinburgh Comedy Festival) 這個「藝術節中的藝術節」，既是「藝穗節」的一部分，自然就是跟著藝穗節同始同盡，但挾帶著更多的笑聲與娛樂，挑戰觀眾每一根笑神經的極限。在此同時，以世界和平為訴求的「性靈和平節」(Festival of Spirituality and Peace) 也熱熱鬧鬧地展開了，其活動的多樣性同樣令人驚喜。到了八月中，充滿知性的國際書展 (Edinburgh International Book Festival) 讓愛丁堡在狂歡的氣息中另闢一處外於喧囂的閒適放鬆空間，而愛丁堡藝術節的創始節慶「愛丁堡國際藝術節」(Edinburgh International Festival) 則帶來了跨界域的國際知名表演藝術，重量級的劇作、樂團與舞團讓這優雅的古城更加發光發亮，也為延燒一個多月的愛丁堡藝術節在最專業完美的藝術表演中光燦落幕。

這些聲勢浩大、遠近馳名的藝術節無疑地讓愛丁堡藝術節成為廣受世界注目的國際藝術盛事，然而，如果你以為愛丁堡藝術節只有如此而已，那就大錯特錯了！除了上述這些大規模的藝術節外，更有許多意想不到的小型藝術節同時在這個狂歡的夏日城市中，展現著充滿驚喜的喧囂、知性與創意，為愛丁堡藝術節挹注了更跨界的顛覆，讓自由解放的靈魂填滿了愛丁堡的每個角落。八月的愛丁堡既是如此豐富多彩，要充分享受愛丁堡藝術節，當然不可不知各藝術節之特色與內容，以下將分別介紹其中的八大藝術節，以及其他規模較小卻充滿驚喜的小型藝術節。

step 2

七 月		八 月		
第四週	最後一週／第一週	第二週	第三週	第四週
週五		週日		
週六				
	週五			
		週日		
	週五			
	週六			
	週五			
		週六		
		週五		
			週六	

九 月	愛丁堡藝術節活動
最後一週／第一週	
	爵士藍調音樂節 Jazz & Blus Festival
	視覺藝術節 Art Festival
	狂歡嘉年華遊行 Mardi Gras
	軍樂節 Military Tattoo
	藝術節開幕遊行 The Cavalcade
周一	藝穗節 Festival Fringe（喜劇節／免費藝穗節）
	性靈和平節 Festival of Spirituality & Peace
	前衛熱門音樂節 The Eadge Festival
	伊斯蘭盛會 Islam Festival
	人民盛會 People's Festival
	互動媒體藝術節 Interactive Festival
周一	國際書展 International Book Festival
	國際藝術節 International Festival
	政論盛會 Festival of Politics
	國際行銷藝術節 International Marketing Festival
週六日	多元文化藝術節 Mela Festival

Step 2　看熱鬧？看門道！

聲勢浩大的八大藝術節

愛丁堡市政府多年來致力於將愛丁堡打造成一個世界知名的節慶城市，因此由其出資的「愛丁堡藝術節官方網站」(www.edinburghfestivals.co.uk) 是大多數人想認識愛丁堡各項節慶時的首要參考網站，更是想初步了解一整個夏季的愛丁堡藝術節時的入門網站，這個網站將愛丁堡一整年中所有的大型藝術節都納入其中，不僅可由此查到各藝術節的相關資訊、連線至各藝術節專屬的網站，還提供了愛丁堡旅遊資訊，更方便的是還可以直接由此網站購票，可說相當方便，讓這些原本就名聲遠播的大型藝術節因而獲得更多的注目而年年壯大，吸引著遊客從世界各地蜂擁而來地熱情參與。

▲愛丁堡藝術節官網

愛戀‧顛狂‧愛丁堡

1 愛丁堡藝穗節 (Edinburgh Festival Fringe)

時間：每年八月第一個週末（正式開始前三天有部分預演場）

地點：散布於愛丁堡城市各個角落之各式空間

官網：http://www.edfringe.com/

開幕遊行座位區購票網站：http://www.edinburghcavalcade.com/

愛丁堡藝穗節不可否認地是整個愛丁堡藝術節中最重要的一部分，不但因為它是個永遠年輕、充滿活力與大膽嘗試的藝術節，也是因為它是全世界規模最大、涵蓋範圍最廣且票房最驚人的藝術節，且年年持續打破新紀錄。以 2011 年為例，整個愛丁堡市就有 258 個演出場地，共有將近 4 萬 2000 場表演，2542 個節目不停地輪番上陣，多達 2 萬 1000 多個表演藝術家投入演出，三個多星期的藝穗節進行下來總共賣出了將近 190 萬張票。也難怪愛丁堡藝穗節所吸引的觀眾占了全愛丁堡一整年節慶活動的 75% 以上，每年為愛丁堡及整個蘇格蘭帶來了 1 億 4200 萬英鎊的經濟助力，金氏世界紀錄將愛丁堡藝穗節列為全世界最大的藝術節，絕對是實至名歸。

能創造出這麼驚人的票房紀錄，完全超出了 65 年前成立時的想像。1947 年，當整個愛丁堡藝術節的創始者「愛丁堡國際藝術節」挾帶著全歐洲對戰後藝文活動重建的期盼，並吸引大量媒體的目光時，幾個被主辦單位拒於參演名單的藝術家決心展現自己同樣享有的展演權利，索性協同幾個同樣被拒的藝術家另創一個強調邊緣的藝術節「愛丁堡藝穗節」(Edinburgh Festival Fringe)。其英文原名中的 fringe 一字便是擺明了其非官方、非經典、非主流的邊緣特質，並且以不被藝術界重視的邊緣藝術以及沒沒無名的藝術家為主體，大膽挑釁地反體制規範，展現所謂的「高級藝術」(High Art) 所不及的突梯創意與自由顛覆氣息。這也就是為何「愛丁堡藝穗節」總是能展現最新的創意、永遠帶著年輕活力的氣息並不斷地讓有才氣與天份的藝術家因而崛起並大放光芒。無庸置疑地，「愛丁堡藝穗節」是每年國際藝術界的重大盛事！

「愛丁堡藝穗節」的自由與無拘無束也展現在它所包含的藝術類別上。事實上，只要是你想得出的藝術類型都可以在「愛丁堡藝穗節」中看到。無論是戲劇、舞蹈、音樂、歌劇、視覺藝術展覽，甚至兒童劇場、偶戲……，全都是「愛丁堡藝穗節」的展演項目，參演的團體來自全世界 46 個不同的國家，而其中每個類別中各自不同的創意與分類也是毫無設限，令人目不暇給。儘管單位票價絕對不及「愛丁堡國際藝術節」，但是像「愛丁堡藝穗節」這樣一個豐富充滿變化的藝術節當然能夠吸引最多的觀眾且贏得最豐碩的票房成績，難怪幾年前愛丁堡藝術節開跑前夕，竟出現了「愛丁堡國際藝術節」是否該併入「愛丁堡藝穗節」的爭議！

▲藝穗節總部

▼來自世界各地的參演團體無不卯足了勁在街頭爭取觀眾的青睞

▶逗趣可愛的劇院告示牌

愛戀‧顛狂‧愛丁堡

▼滿牆宣傳海報的
劇院樓梯間

▲參與 2011 年愛丁堡藝穗節的演出團體在皇家大道上留下充滿戲味的一幕

© Stephen Finn/Shutterstock.com

Step 2　看熱鬧？看門道！

▲藝穗節的電子票務棚

▲藝穗節展演劇院：金色氣球劇院

▼藝穗節展演劇院：娛樂公園劇院裡俏皮的指標設計　▼娛樂公園劇院親子區裡可愛的氣球雕塑　　　▼娛樂公園劇院圓頂廳裡歡樂繽紛的布置

藝穗節展演劇院：開心紫牛之牛欄劇院　▲藝穗節展演劇院：藝聚劇院之主廳分部　　　　　　▲藝穗節展演劇院：藝途劇院

▼藝穗節展演劇院：聚光燈劇院

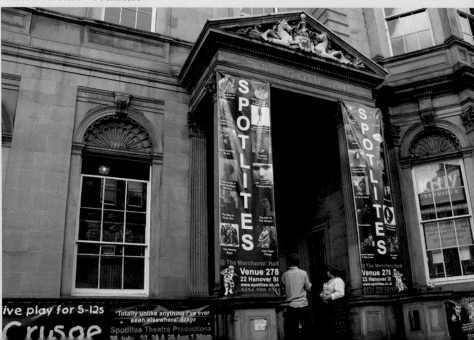

▼布里斯托廣場上的紫牛帳篷

愛戀・顛狂・愛丁堡

愛丁堡喜劇節 (Edinburgh Comedy Festival on the Fringe)

時間：每年八月第一個星期天（星期四～六部分預演場，同藝穗節）
地點：藝聚劇院 (Assembly)、娛樂公園劇院 (Pleasance)、開心紫牛劇院
　　　(Underbelly)、金色氣球劇院 (Gilded Balloon) 旗下之各演出場地
官網：http://www.edcomfest.com/

這是 2008 年才成立的藝術節，事實上它仍舊隸屬於「愛丁堡藝穗節」，只是多年來喜劇演出在藝穗節中的數量及票房都有著壓倒性的分量，更不用提有太多英國當代紅得發紫的喜劇演員都是從藝穗節中崛起的！為了讓更多新的喜劇演員與製作能有機會被看到，而不至於在藝穗節五花八門的宣傳中被淹沒，「愛丁堡喜劇節」在 2008 年啟航，堅持著既是獨樹一幟但也不脫與「愛丁堡藝穗節」的臍帶關係，共同為愛丁堡開拓更多的表演場地，為整個夏季的愛丁堡藝術節增添更豐富有趣的演出。「愛丁堡喜劇節」在 2011 年似乎再度回歸了藝穗節，沒有往年大張旗鼓地標示喜劇節的特殊性，但這是否意味著喜劇節將從此消失尚未成定局，畢竟在變化多端的愛丁堡藝術節中，每年來來去去、忽上忽下的子藝術節相當常見，難保過了兩年，喜劇節是否又會捲土重來，再度標示其喜劇大旗，以擴展更大的票房利潤。無論如何，英國喜劇的幽默慧點、大膽突梯及天外飛來一筆的無厘頭絕對是不可錯過的享受，來到愛丁堡藝術節又怎能錯過這個來自世界各地喜劇新秀的大競技呢？！

▼夜色中的娛樂公園劇院

▼藝聚劇院的喬治街分部

▼金色氣球劇院的小酒館歌舞秀節目表

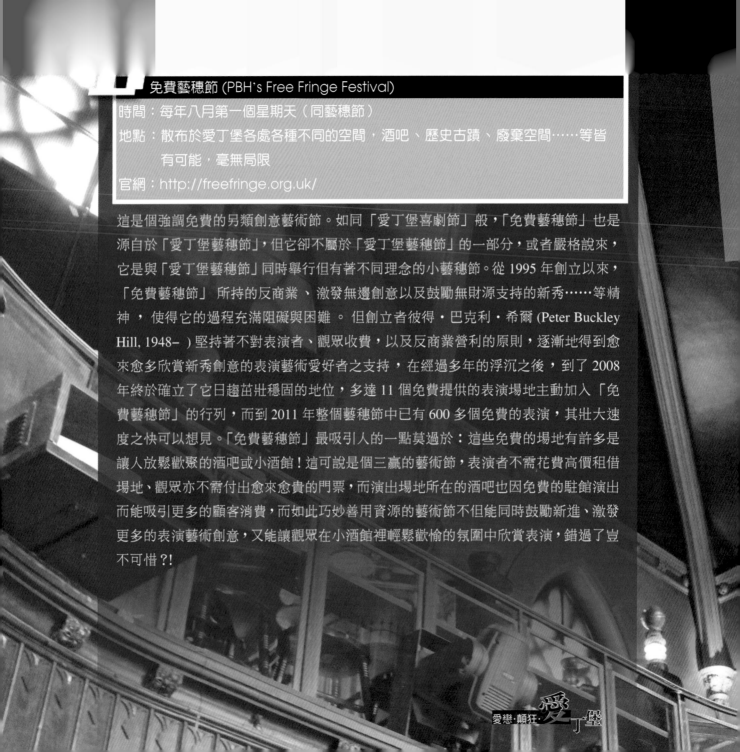

免費藝穗節 (PBH's Free Fringe Festival)

時間：每年八月第一個星期天（同藝穗節）

地點：散布於愛丁堡各處各種不同的空間，酒吧、歷史古蹟、廢棄空間……等皆有可能，毫無局限

官網：http://freefringe.org.uk/

這是個強調免費的另類創意藝術節。如同「愛丁堡喜劇節」般，「免費藝穗節」也是源自於「愛丁堡藝穗節」，但它卻不屬於「愛丁堡藝穗節」的一部分，或者嚴格說來，它是與「愛丁堡藝穗節」同時舉行但有著不同理念的小藝穗節。從 1995 年創立以來，「免費藝穗節」所持的反商業、激發無邊創意以及鼓勵無財源支持的新秀……等精神，使得它的過程充滿阻礙與困難。但創立者彼得‧巴克利‧希爾 (Peter Buckley Hill, 1948–) 堅持著不對表演者、觀眾收費，以及反商業營利的原則，逐漸地得到愈來愈多欣賞新秀創意的表演藝術愛好者之支持，在經過多年的浮沉之後，到了 2008 年終於確立了它日趨茁壯穩固的地位，多達 11 個免費提供的表演場地主動加入「免費藝穗節」的行列，而到 2011 年整個藝穗節中已有 600 多個免費的表演，其壯大速度之快可以想見。「免費藝穗節」最吸引人的一點莫過於：這些免費的場地有許多是讓人放鬆歡聚的酒吧或小酒館！這可說是個三贏的藝術節，表演者不需花費高價租借場地、觀眾亦不需付出愈來愈貴的門票，而演出場地所在的酒吧也因免費的駐館演出而能吸引更多的顧客消費，而如此巧妙善用資源的藝術節不但能同時鼓勵新進、激發更多的表演藝術創意，又能讓觀眾在小酒館裡輕鬆歡愉的氛圍中欣賞表演，錯過了豈不可惜?!

▲科學怪人之酒吧餐廳

Step 2　看熱鬧？看門道！

2 愛丁堡軍樂節 (Edinburgh Military Tattoo)

時間：每年八月第一個星期五
地點：愛丁堡古堡 (Edinburgh Castle) 廣場 (皇家大道 (Royal Mile) 之起點)
官網：http://www.edinburgh-tattoo.co.uk/index.html

這是舉世聞名的世界軍樂隊表演大典，自 1950 年創始以來，未曾間斷過，更是未曾有任何一場表演因故取消，而票房之熱門景況可說是不可思議，不僅僅是一票難求，甚至是在表演前一年年底就已近乎售罄！可以想見，2007 年北一女中受邀於「愛丁堡軍樂節」中演出對臺灣而言是莫大的殊榮，而主辦單位與英國媒體對於北一女中演出水準的肯定，更是讓臺灣媒體各界給予了殷切的關注與如雷的掌聲。

每年八月的第一個星期五，愛丁堡軍樂節便以盛大的煙火開幕儀式點亮了愛丁堡的夜空，經過三個星期場場爆滿的演出後，再以燦爛耀眼的煙火作為令人難忘的閉幕慶典，不消說，每年開幕及閉幕表演的場次都是開賣一個月內就銷售一空的！「愛丁堡軍樂節」之所以能吸引全世界這麼多的觀眾前往觀賞，每年超過 21 萬人次的驚人數字當然不是虛名，除了在優雅且古意盎然的愛丁堡城堡前廣場上演出的撼人氣魄以及讓人屏息聆聽的美麗蘇格蘭風笛聲之外，演出前那投影在古堡上、訴說著蘇格蘭古今的美麗壯闊影片每每讓觀眾們動容不已。而參與演出的各國軍樂隊，總是使盡渾身解數地將該國的民族氣魄與國家精神在每個確切的動作中展露無遺，但同時卻也不乏幽默與搞笑！每年演出的收益多達 4800 萬英鎊，但自成立以來所有盈餘皆全數作為慈善捐贈。這是個由內而外撼動人心的盛大表演，八月來到愛丁堡你怎能錯過呢？！

EDINBURGH MILITARY TATTOO
Tattoo Office, 32 Market Street, EDINBURGH EH1 1QB, Scotland. Tel: 08707 555118
Ticket reserved for   Mrs Lois Newton
Booking Reference No   292037
To THE EVENT OF THE YEAR
At The Esplanade
    Edinburgh Castle

Saturday
25-AUGUST-2007   10:30 PM   Doors Open at 9:45 pm
NORTH STAND C F23   RBS
                                The Royal Bank of Scotland
Price (inc VAT) £25.00   Major Sponsor
NEW! FREE Tattoo Visitor Centre Details:www.edintattoo.co.uk

▲ 愛丁堡軍樂節的門票

▲萬眾矚目的愛丁堡軍樂節每年都是一票難求的熱門節目 (ShutterStock)

3

愛丁堡國際藝術節 (Edinburgh International Festival)

時間：每年八月第二個星期五

地點：愛丁堡節慶劇院 (Edinburgh Festival Theatre)、亞修音樂廳 (Usher Hall)、皇家
藝文劇院 (Royal Lyceum Theatre)、劇場劇院 (Playhouse Theatre)、皇后音
樂廳 (Queen's Hall)、國王劇院 (King's Theatre)

官網：http://www.eif.co.uk/

沒有 1947 年「愛丁堡國際藝術節」的肇始，就不會出現有我們現在所看到的如此盛大豐富
的「愛丁堡藝穗節」，更不會有世界最大藝術節之稱的八月愛丁堡藝術節。二次大戰後，歐
洲急欲重建戰前燦爛蓬勃的藝文氛圍，「愛丁堡國際藝術節」便是在這樣的期待下產生的，
於是在其正式舉行前便已引來大量媒體目光及國際藝文界的高度關注。60 多年來，「愛丁
堡國際藝術節」總是以高度精緻專業的國際製作而令人引領期盼。節目廣度涵蓋了戲劇、
歌劇、芭蕾、現代舞、古典音樂……等大型演出，而演出的場地亦是以高水準的愛
丁堡節慶劇院、亞修音樂廳，以及歷史悠久的劇場劇院、皇家藝文劇院、
皇后音樂廳與國王劇院為主。

▼皇家藝文劇院

▼亞修音樂廳

▲劇場劇院

▶國王劇院之櫥窗

▼愛丁堡節慶劇院

Step 2　看熱鬧？看門道！

▲ 吳興國的獨腳戲《李爾在此》受邀於 2011 年愛丁堡國際藝術節中演出（當代傳奇劇場提供＿攝影師 Dirk Bleicker）

每年主辦單位都邀請了世界知名的大導演及演出團體，製作出絕對高藝術性的專業藝文表演。此外，製作單位也常邀約來自世界各國的各種跨文化製作與演出團體，使得愛丁堡國際藝術節更加多元與跨界，其廣度的增加，也真正提供了充滿國際性的展演內容。例如臺灣著名的當代傳奇劇場，便在 2011 年愛丁堡國際藝術節的展演團體之中，以《李爾在此》(*King Lear*) 展現來自臺灣對莎士比亞 (William Shakespeare, 1564–1616) 名劇《李爾王》的跨文化詮釋。

不可否認，「愛丁堡國際藝術節」所追求的精緻高藝術性，使得它不像其他藝術節般老少咸宜或廣受大眾青睞，票房當然不能跟「愛丁堡藝穗節」相提並論，但是又有誰能否認專業完美的世界級藝術展演所帶來的令人嘆為觀止的高度鑑賞愉悅呢？!

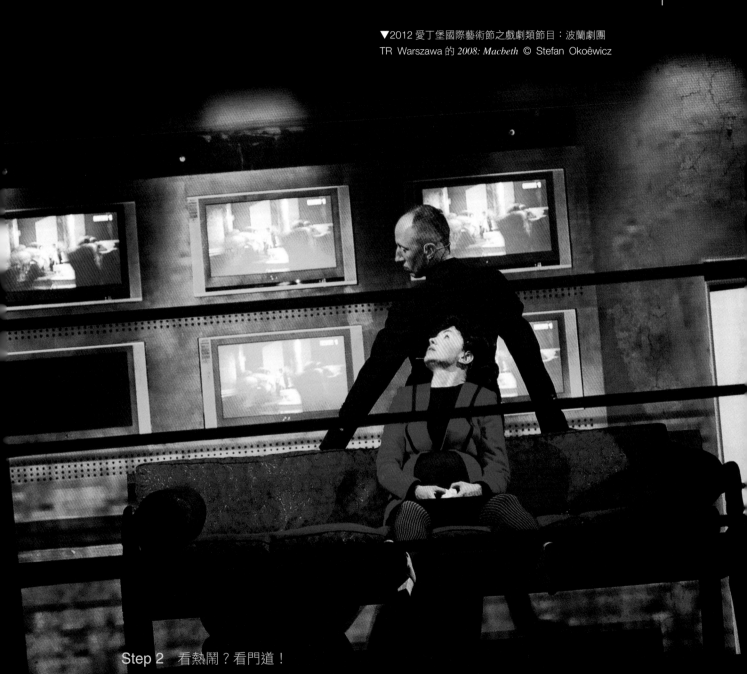

▼2012 愛丁堡國際藝術節之戲劇類節目：波蘭劇團
TR Warszawa 的 *2008: Macbeth* © Stefan Okoêwicz

Step 2　看熱鬧？看門道！

▲冬季的王子街花園依舊熱鬧非凡 (ShutterStock)

EDINBURGH
jazz&blu
fest

www.edinburghjazzfest

Fri 30 July - Sun 8

愛戀·顛狂· 愛丁堡

4 愛丁堡爵士藍調音樂節 (Edinburgh Jazz & Blues Festival)

時間：每年七月最後一個星期五
地點：散布於愛丁堡各處之表演廳及酒館沙龍
官網：http://www.edinburghjazzfestival.co.uk/

在 2008 年夏季邁入它的第 30 個年頭，雖然每年夏季愛丁堡爵士藍調音樂節只持續 10 天，但它不但為愛丁堡的夏日帶來了輕鬆閒適的音樂氣息，更為接下來即將全面開跑的藝術節熱身，用爵士藍調的自由即興讓優雅寧靜的愛丁堡搖身一變成為令人雀躍的夏日派對。音樂的多樣性在爵士藍調音樂節中當然無庸置疑，來自於世界各地的爵士藍調樂手為愛丁堡帶來全然不同的音樂氣息，而分布在愛丁堡市區各處的演出場地也同樣地各有不同特色，除了票價介於 8～20 英鎊不等的晚間演出之外，免費的音樂會、工作坊及課程講座自是不可或缺，但不可不提的絕對是開幕隔天（七月最後一個星期六）在草地市集 (Grassmarket) 舉行的的紐奧良狂歡節遊行 (Mardi Gras)。紐奧良 (New Orlean) 既是爵士藍調的發源地，它的狂歡節遊行當然得在愛丁堡的爵士藍調音樂節重現，讓爵士樂充滿街頭，讓每個路人及參與遊行的觀眾沉浸在歡樂多彩的自由氣息之中。

此外，更不可錯過的是隔天（也就是星期天）的夏日爵士露天音樂會 (Jazz on A Summer's Day)。這個音樂會可說是在英國吸引最多人潮與觀眾的露天爵士音樂會，每年固定在王子街花園 (Princes Street Gardens) 中的羅思戶外劇場 (Ross Open Air Theatre) 舉行，這是位於愛丁堡主要火車站——瓦佛力車站 (Waverley Train Station) 旁，愛丁堡市中心占地廣大且最美最熱鬧的花園，就在愛丁堡古堡的岩壁山腳下，一抬頭便可望見那古意盎然的美麗城堡。此處不但是年年夏日爵士露天音樂會的演出場地，各個大型節慶都會在此舉辦盛大的活動，像是愛丁堡每年點滿光燦燈飾的著名耶誕市集，以及年年票價不貲卻仍舊熱鬧擁擠得水泄不通的跨年露天派對。

5 愛丁堡國際書展 (Edinburgh International Book Festival)

時間：每年八月第二個星期六

地點：夏洛特廣場公園 (Charlotte Square Gardens)

官網：http://www.edbookfest.co.uk/

雖然不像「愛丁堡國際藝術節」及「愛丁堡藝穗節」一樣歷史悠久，但「愛丁堡國際書展」的歷史也不可小覷。早從 1983 年創始以來，這個書展就愈來愈受歡迎，到了 1997 年正式從原本的兩年一次改為年年舉辦，再加上其中蓬勃發展的兒童書展與系列活動，使得「愛丁堡國際書展」真正成為一個老少咸宜的藝術節，絕對可說是國際出版界的一大盛事。

從一開始，「愛丁堡國際書展」便一直是在優雅宜人的夏洛特廣場公園舉行，在書展期間，整個廣場猶如一處清新閒適的世外桃源，一片全白的優雅帆布屋棚圍繞著整個廣場，除了有著各種不同文宣促銷的書籍展示購買屋之外，還提供許多不同大小的會議間，密集地舉行著各種新書發表會、簽書會以及形形色色的演講、討論、座談以及辯論會。當然，飲食的供應是少不了的：有一間深具特色的風格啤酒屋，以及一兩個可愛的飲食販賣車。前來參與書展的讀者們或坐或臥在展區中央的草皮或躺椅上，閱讀著剛購得的戰利品，與同伴們討論著剛參加的座談辯論內容，徜徉在八月愛丁堡溫暖宜人的陽光下，享受著展場裡的知性與閒適，如果你以為書展一定是與擁擠、紛亂及喧嘩脫不了關係，來到「愛丁堡國際書展」，你不但會大吃一驚，更會忍不住愛上它！

▶書展的讀者們或坐或臥地徜徉在陽光下享受展場裡的知性與閒適

▲書展會場的風格咖啡屋　　　　▲寧靜的親子角落　　　　　　▲書展的入口大廳

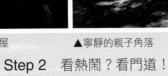

Step 2　看熱鬧？看門道！

6 愛丁堡視覺藝術節 (Edinburgh Art Festival)

時間：每年八月第一週

地點：散布於愛丁堡各處的大小藝廊、博物館

官網：http://www.edinburghartfestival.org/

這是個以視覺藝術 (Visual Art) 為主的新興藝術節，雖然歷史不長，但規模可不能小覷。從 2004 年創始以來，一年比一年盛大，在 2008 年視覺藝術節期間已有超過 50 個展場、120 多場不同的展覽同時進行著。這其中包含著各種視覺藝術的展覽：古典及現代的各式不同風格畫派、攝影、雕刻、錄影及裝置藝術，只要你想得到的視覺藝術都可以在遍布整個愛丁堡市的展場見到，當然，藝術節期間更是見到著名當代藝術家最新作品的好機會。除了展覽之外，邀集著名藝術家、學者及藝評的座談會、演講等等活動也是視覺藝術節的重要安排。而展場的種類也是相當多樣，從官方美術館、私人的大小型藝廊，到圖書館、劇院乃至皇家花園的公共空間，都成了藝術欣賞的特區，最重要的是，其中絕大多數都是免費入場，即使是需要門票的特展也索價不高，藝術在此不但成為隨處可及的享受，更是真正地不分階級與貧富！

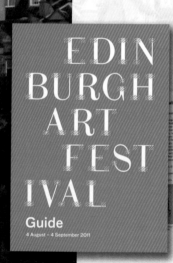

◀▶ 視覺藝術節的
導覽手冊

愛戀·顛狂·愛丁堡

性靈和平節 (Festival of Spirituality and Peace)

時間：每年八月第一個星期六

地點：中央清真寺 (Central Mosque)、聖瑪莉天主教堂 (St. Mary's Episcopal Cathedral)、聖卡斯伯特教堂 (St. Cuthbert's Parish Church)、聖約翰教堂 (St. John's Episcopal Church)、聖吉爾斯天主教堂 (St. Giles Cathedral)、影屋戲院 (Filmhouse Cinema)……等

官網：http://www.festivalofspirituality.org.uk/

這也是個非常年輕的藝術節，肇始於 2005 年，經過兩年的發展後，到了 2007 年也成為愛丁堡藝術節重要的一部分。「性靈和平節」的時間跟「藝穗節」幾乎完全重疊，儘管與「藝穗節」的眾聲喧嘩比起來，「性靈和平節」顯得安靜許多，但也就是如此才能讓藝術節的觀眾們在喧囂擾攘的八月愛丁堡獲得了令人意外而驚喜的心靈沉澱與反思空間。

「性靈和平節」每年都有著不同的主題，展演的內容完全不局限於任何一個類別，包含了各種藝文活動：戲劇、電影、舞蹈、展覽、音樂會、朗讀會、座談及研習會，還有較特殊的活動如：公平交易美食音樂會、民俗技藝展演，更有平和的心靈沉澱儀式如：靈修行腳、靜默，而當你在喧囂緊湊的愛丁堡藝術節中急需一段放鬆舒壓，別錯過了「性靈和平節」所提供的民俗舒緩療法，讓身體徹底放鬆後，又可再度充滿活力地趕場體驗整個愛丁堡藝術節的繁華熱鬧！不同於其他藝術節以藝術賞析及娛樂為主要訴求，「性靈和平節」以鼓吹世界和平為基本精神，同時也著重個人與大眾的性靈和諧，因此強調跨信仰的祈福、靈修與心靈沉澱的徒行、打坐及靜坐則是節目單中相當重要的特色。當你在八月愛丁堡的擁擠喧囂中感到疲憊不耐時，或許這會是你找到心靈平靜的好地方！

Step 2　看熱鬧？看門道！

8 愛丁堡多元文化藝術節 (Edinburgh Mela Festival)

時間：每年八月至九月初當中之一個週末
地點：利斯高球場 (Leith Links)
官網：http://www.edinburgh-mela.co.uk/

強調多元文化的共榮並蓄是近年來英國相當重要的議題，也難怪「愛丁堡多元文化藝術節」愈來愈受歡迎。英文原名中的 "Mela" 一字來自於梵語 (Sanskrit)，意為「集結團聚」(gathering)，訴求著以藝術人文集結各種不同種族的文化，從 1995 年「愛丁堡多元文化藝術節」成立以來，除了愛丁堡所在的蘇格蘭傳統文化之外，歐亞各地不同的民俗文化皆共同以藝術展演、民族工藝以及誘人的特色食物鼓吹著多元文化的交流與聯繫。而其展演的內容涵蓋相當廣泛，從舞蹈、音樂、戲劇、肢體劇場、視覺藝術展覽到電影，還有辯論會、儀式展演、親子活動，甚至還有跨文化美食市集、傳統服飾伸展秀……在其他愛丁堡藝術節慶中不易見到的活動，其囊括種類之廣，可說是僅次於藝穗節，可見主辦單位的用心。

▲多元文化藝術節的文宣品

不同於愛丁堡藝術節中大部分的藝術節舉辦形式，「愛丁堡多元文化藝術節」並非散布於愛丁堡城市各角落的展演，而是聚集在靠愛丁堡北邊利斯海港 (Leith Port) 附近，深具歷史意義的利斯高球場 (Leith Links)。這塊愜意悠閒的翠綠草坪，儘管目前已不作為高爾夫球場使用，卻是歷史記載中最早出現高爾夫球運動的地方。早從十五世紀中，這裡便斷斷續續地有著高爾夫球運動的蹤跡，十七世紀時更在此舉辦了相當規模的高爾夫球賽，無怪乎高爾夫球至今仍是蘇格蘭相當普遍及廣受歡迎的運動。「愛丁堡多元文化藝術節」乃是從 2000 年開始才移至利斯高球場舉行，除了這個地點及其周邊地區的歷史意義外，這整個利斯區 (Leith) 也是相當熱鬧、充滿活力的地區，而「多元文化藝術節」經過了 15 年的發展，所吸引的人潮已經多到勢必得移到離開市中心鬧區的寬闊場地，才能夠容納愈來愈豐富多

樣的各式展演以及來自世界各地的觀眾，利斯高球場就正位於熱鬧的利斯區中心，讓這整個週末慶典的腹地更廣、更具規模，也更充滿了夏日慶典的閒適氣息。

這樣強調世界一家的藝術節自然是個老少咸宜的歡樂週末慶典，過去多在八月舉行，而2011 年則選在九月的第一個週末，在愛丁堡藝術節將近尾聲之際，召喚著心胸開闊、對異文化有好奇心的人們，攜家帶眷一起參與。值得一提的是，由於英國的印度巴基斯坦裔族群相當龐大，因此整個「愛丁堡多元文化藝術節」中反映印巴傳統及議題的內容常是不可或缺的部分，對印巴文化有興趣的人，絕對不可錯過這個鮮豔亮眼、充滿活力的藝術節！

▲2010 年的愛丁堡多元文化藝術節一景 © Elizabeth Leyden/Alamy

Step 2　看熱鬧？看門道！

▼壯觀的軍樂隊遊行是開幕遊行中的吸睛焦點
© Jethro Collins/Alamy

除了八大藝術節的主要展演外，還有些穿插在其中的大型活動，貫串了各個藝術節，也不時地為整個八月的愛丁堡藝術節增添一波波絢麗歡慶的高潮。像是愛丁堡藝術節的開幕遊行 (The Cavalcade)，就是絕對不可錯過的盛大活動！為了這個遊行，愛丁堡最重要的熱鬧大街及交通幹道王子街 (Princes Street) 從一早便完全禁止車輛進入，並且擠滿了想占據好位置、獲得好視野的群眾。這盛大的遊行集結了愛丁堡國際藝術節、軍樂節、藝穗節的表演團體以及愛丁堡當地的各式團體，無一不使出渾身解數以獲得觀眾的注目，由讓人熱血沸騰的車隊開場，各種收藏車種、重型機車、越野車，浩浩蕩蕩地展示著令人炫目的金屬光芒，緊接著便是愛丁堡軍樂節的各國表演隊伍陸續入場，壯觀的軍樂隊遊行讓圍觀群眾們充滿期待地一睹他們挺拔俊昂的丰采。其後，當然就是遊行的重頭戲：藝穗節展演團體五花八門的遊行花招！原本就以創意活潑取勝的藝穗節展演團體，在這遊行中更是十八般武藝全部上場，以千奇百怪的手法吸引觀眾的注意，畢竟這也關係著接下來三個星期的票房成功與否，當然得想辦法讓觀眾過目不忘囉！如果你想獲得絕佳的視野，並且舒適地坐著觀賞遊行，不妨考慮提早買票坐在遊行路線精華地帶的觀眾區，既可擁有毫無阻礙的視線，還可省去與擁擠的群眾站在街頭等待的辛苦。

▲草地市集廣場上的爵士嘉年華 © AR Photo/Alamy

熱鬧的節慶氣息其實早在七月底的爵士藍調音樂節即已啟動，尤其是當爵士音樂節的最後壓軸：狂歡嘉年華遊行登場時，便已完全點燃了接下來一整個月的藝術節狂歡熱力。聚集了好幾個爵士樂團的狂歡遊行隊伍從皇家大道上的愛丁堡市政廳 (Edinburgh City Chambers) 出發，一路表演狂歡至歷史悠久的草地市集廣場。就在通往愛丁堡城堡的階梯底端，草地市集廣場向來是以老牌 PUB、酒吧以及美食市集聞名之地，深受美食老饕喜愛的草地市集慶典 (Grassmarket Festival) 與法國美食市集 (French Market) 都是在此舉行，不需等到藝術節期間，便已是將美食、音樂與歡樂深深結合的熱鬧廣場。在狂歡嘉年華當天也不例外，遊行最終的狂歡派對在此，眾家爵士樂團各以不同的樂風與特色擄獲臺前的觀眾，將觀眾的狂歡氣氛引向沸騰，為狂歡嘉年華遊行劃上完美的句點。

變化多端的另類藝術節

以上八大藝術節年年壯大著愛丁堡藝術節的氣勢，使得規模一年比一年盛大，吸引著全球的藝術家、表演者以及完全無法阻擋的造訪人潮，但是愛丁堡藝術節那強調著顛覆與多元的精神更是孕育著許許多多令人意想不到的另類藝術節，以千奇百怪的主題與形式，或是出人意表的深度討論與智識性，同樣吸引著許多期盼真正多元與自由的靈魂，在這熱鬧喧嚷的時節，直接參與著各種邊緣不受重視的思考與實踐，在彼此的激盪中享受著更多智識與眼界上衝擊。這些另類藝術節儘管規模不比前列之八大藝術節，且也常因經費短絀而無法年年舉辦，甚至可能從此無緣在愛丁堡藝術節中發光發熱，但卻也正是這種在艱困的經費限制下仍堅持著發聲權的理想與活力，才使得這些較邊緣的小型藝術節完全展現了愛丁堡藝術節那自由無羈的藝術精神！

充滿熱力與理想的······

▲T 藝穗音樂節

1 前衛熱門音樂節 (The Edge Festival)

時間：每年八月第一個星期五
地點：愛丁堡市中心幾處著名的現場演唱夜店、音樂表演廳

「前衛熱門音樂節」雖然不列於八大藝術節之中，但其受歡迎的程度絕對毫不遜色，這乃是愛丁堡藝術節中讓最新的熱門流行音樂得以展現魅力與渲染力的場子，以現場表演的熱力延燒著觀眾的狂歡熱情，它讓入夜後的愛丁堡不僅持續歡騰，更是增添了無法抑止的光熱與爆發力！其前身即為 2000 年的「T 藝穗音樂節」(T on the Fringe)，此乃發想於「T 啤酒公園音樂祭」(T in the Park) 這個每年七月初由 Tennent 啤酒大力出資在愛丁堡市郊舉辦的熱門流行音樂祭，向來是蘇格蘭區最重要的音樂活動，正猶如英格蘭最著名的「格拉城文化音樂祭」(Glastonbury Festival)。「T 啤酒公園音樂祭」讓幾個年輕人在音樂祭的瘋狂洗禮中，發想出在充滿活力的夏季愛丁堡藝術節期間繼續延燒他們對流行音樂的熱情，並且致力於挖掘最新、最邊緣、最前衛的音樂作品，因而有了 2000 年初試啼聲的「T 藝穗音樂節」，而今成為了規模傲人、延燒一整個八月的「前衛熱門音樂節」。但這個音樂節不在日光照耀、寬敞愜意的草地上，而是進入英國獨立音樂向來發光發熱的場子：杯觥交錯、恣意狂歡的現場演唱夜店，樂手、藝人們近距離地向觀眾揮灑著他們的熱力，而觀眾更能在那緊密的空間中釋放已接近燃點的熱情，爆發出無上限的自由無羈與瘋狂解放！幾乎一整個八月的夜晚，天天都在那不經意的夜店角落爆發著熱門音樂的高溫，一旦你遁入「前衛熱門音樂節」的場子，你很難不愛上它！

Step 2　看熱鬧？看門道！

2

人民盛會 (People's Festival)

時間：每年八月第二週之星期日

地點：不定，但多為愛丁堡市區內之公共集會場所

"For the People, By the People"（為民，民為）乃是「人民盛會」大大的副標題，開宗明義地道出這個盛會的精神：一切以人民為要，也需要人民奮起而行，若想要一個更有希望的世界，一切都得回到「人民」本身。這看來嚴肅且充滿社會主義理念的盛會，或許會讓你疑惑這跟愛丁堡藝術節有甚麼關係?! 其實，「藝術節」是中文翻譯的結果，英文中 festival 一字所指稱的意義從來就不僅是關於藝術，它可以是各種節慶活動，也可以是任何主題的慶典。然而，若再回到藝術本身來看，「藝術」與「人民」卻也是不可否認地息息相關，藝術跟人從來就脫不了關係，藝術因人而產生，無論本意為何，其所產生的社會功能以及其與人類文明的關係無論如何無法忽略，因此，在這充滿著藝文活動的狂歡時節，「人民盛會」的舉行就像是一股冷靜睿智的氣息錯落在滿城的歡樂嬉戲之中，提供了一個智性思索的角落，以音樂、詩作、演講以及喜劇的藝術形式，重新將以「人民」為本的思維置於思考的版圖中央。

3

互動媒體藝術節 (Edinburgh Interactive Festival)

時間：每年八月擇期舉行 1～2 天之研討會

地點：不定，但多為愛丁堡市中心顯著據點

這是個令人眼睛為之一亮的藝術節！說到「互動媒體」，讓人第一個聯想到的自然是擁有廣大迷眾的電玩遊戲，但絕不僅只於此，所有運用科技之發展與變異提供大眾娛樂、與之進

行互動的創新產品都是屬於「互動媒體藝術節」涵蓋的主題。不過這個藝術節可不是以促使消費者瘋狂搶購為目的的電玩展覽會，而是給對於這個產業的創新以及未來發展有著密切關注的人進行交流、討論與合作的難得機會，無論你是製作公司、發行商、藝術家、電玩設計工程師、從業人員、消費者、學者或只是純粹對此產業有著濃厚興趣與思考的路人甲，都可以藉由這個難得的盛會，跟來自不同地區與背景的互動媒體人面對面交流互動，激發出更創新的思考與發展方向，創造出更有活力、更令人期待的互動媒體產業。

4 政論盛會 (Festival of Politics)

時間：每年八月第三週星期六起連續一週
地點：愛丁堡市議會

政論盛會大概是全部的愛丁堡藝術節中最嚴肅的一個了！「人民盛會」跟它比起來可就遠遠稱不上嚴肅啦！不過這可是個叫好叫座又廣受稱許的政治盛會喔！在相當舒適且設備先進新穎的愛丁堡市議會中舉行，集結了政治家、媒體、學者以及關切政治議題的民眾，由充滿年輕氣息的「青年日」(Young People's Day) 展開首日序幕，集結蘇格蘭區 150 位青年，以工作坊、辯論會與演講的形式，培養並訓練青年學子的政治批判素養。接下來連續一週依照每年不同的主題進行交流、辯論、討論與腦力激盪，以促使相關政治議題的困境與難題能因深度而智識性的交流而有正面性的發展。若是對政治議題有興趣的人，不妨試著參與這個盛會，或許能讓你對政治產生全新的觀感！

Step 2　看熱鬧？看門道！

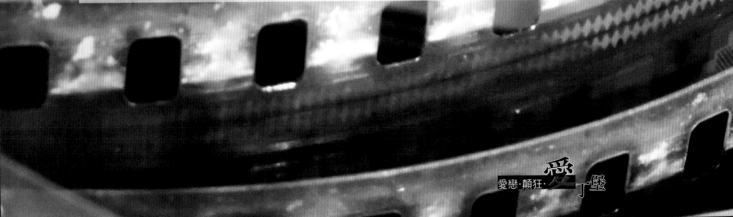

新進的與那消逝的……

在這無限創意、熱情滿溢與旺盛生命力的愛丁堡藝術節背後，其實是無數籌備人員與藝術家的理想與堅持，資金募集以及種種執行上的困難都是年年必須面臨的挑戰，尤其是各項支出成本之高昂，即使是在藝穗節中年年都非常受歡迎的喜劇演員也不諱言地承認，每年在藝穗節的演出若能做到收支打平就已經是很好的了！因此不難理解，各種不同藝術節的起起落落、興起與消逝是年年在愛丁堡藝術節的版圖上發生的情景，有些即使是非常受歡迎且愈形壯大的藝術節，最後也是會因為種種考量而停止參與這最熱鬧的夏季愛丁堡藝術節。最著名的例子便是「愛丁堡國際影展」，這個世界知名的影展原本也是愛丁堡藝術節中最盛大的子藝術節之一，然而在 2008 年終於在成本與種種權衡之下，毅然決然地將每年影展的舉行日期改至六月，離開了夏季愛丁堡藝術節的喧囂，也避開了飛漲高昂的成本，更重要的是獲得了獨有的關注。而其他在夏季愛丁堡藝術節中消逝的例子還有：1999 年首度舉辦的「愛丁堡國際網路藝術節」(Edinburgh International Internet Festival)，即使在那接下來的 10 年間，年年廣受歡迎，主辦單位最後也依舊決定在 2008 年吹下熄燈號；而在 2004 年成立，企圖挖掘最前衛創意之當代藝術家的「愛丁堡當代藝術年展」(Edinburgh Annuale) 也在幾年的辛苦運作後無疾而終。愛丁堡藝術節 60 多年來的發展歷程中，其他相

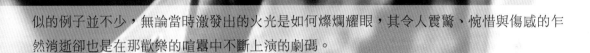

似的例子並不少，無論當時激發出的火光是如何燦爛耀眼，其令人震驚、惋惜與傷感的乍然消逝卻也是在那歡樂的喧囂中不斷上演的劇碼。

但是即使如此，依舊阻擋不住無數的藝術家、理想家與創意人投身進入這個讓理想燃燒且發光發熱的夏季盛會，每年依舊會出現新穎的、充滿創意的、另類思考的、或是滿溢理想的新藝術節，2010 年便出現了「伊斯蘭盛會」(Islam Festival)，讓參與者能體驗連續三個星期的伊斯蘭文化洗禮，到了 2011 年依舊盛大，在西方國家與伊斯蘭版圖充滿種種角力與衝突的世界情勢下，「伊斯蘭盛會」所鼓吹的和平、理解與理性面對，自是需要強大的理想與勇氣，但這同時也標示著整個愛丁堡藝術節那崇尚無國界、無隔閡的理想與自由精神！此外，2011 年更出現了另一個新的藝術節：「愛丁堡國際行銷藝術節」(Edinburgh International Marketing Festival)，以演講與討論的形式，企圖從行銷的面向，鼓勵來自世界各地、各文化產業中的從業人員進行交流互動，為藝術節產業開創更多的機會與更繁盛的發展空間。誰說行銷與藝術不能結合？誰說政治與藝術無關？還有誰能說社會主義理想不在藝術討論的版圖中？愛丁堡藝術節是個充滿無限可能與無限創意的地方！

Step 2　看熱鬧？看門道

五花八門的感官解放新體驗！

愛丁堡藝術節之所以迷人，絕不僅是因為它集結了所有你想得到及想不到的藝術類型，更加讓人無法抗拒的是那不斷挑戰你的想像與感官極限的種種新奇體驗，讓你驚豔不已。當然，愛丁堡藝術節既然無所不包，自是宜靜宜動，不會只讓瘋狂娛樂專美於前，知識性的、精神性的、優雅絕倫的、出世靜謐的活動也是樣樣不缺，甚至如果你想來段精神淨化之旅，性靈和平節所提供的多元性活動：從打坐冥想到靈修行腳，都可以納入你的愛丁堡藝術節體驗之中。若要將藝術節所有的活動一一詳列說明，恐怕是一千零一夜也說不完，但要說出令人無法抗拒的原因卻絕不是難事，要列出在愛丁堡藝術節絕不可錯過的特色更是必要，以下便以經典演出為例細細道來，去到愛丁堡藝術節千萬不要錯過了這些會讓你無法忘懷的藝術新體驗！

無法無天的惡搞爆笑

輕鬆幽默與搞笑可說是愛丁堡藝術節中不可或缺的要素，無論是藝穗節、國際藝術節、軍樂節甚至是強調精神超脫與平靜的性靈和平節，都會不時地在展演中加入令人大笑的幽默橋段，即便是主題嚴肅悲傷的作品，也常會融入些讓人莞爾的片刻。幽默感絕對是愛丁堡藝術節最重要的精神之一！尤其是愛丁堡藝穗節的瘋狂與顛覆，滑稽惡搞到無法無天的地步，常會讓你不由自主地錯愕、遲疑、驚呼、進而放聲狂笑，在笑到嘴痠的同時，會不禁驚嘆著這些藝術家們的無限創意與異於常人的大腦結構！著名的喜劇團體「惡搞三人組」(Tripplicate) 連續 6 年於愛丁堡藝穗節以混亂的惡搞模仿狂飆三位女演員的喜劇功力，其不計形象、賣力搞笑的程度幾乎讓觀眾笑破肚皮，也因此從 2007 年起她們便被電視公司相中，成為不斷推出新作的電視喜劇演員。同樣以惡搞聞名的藝穗節常客還有「搞笑圈套」(The Trap)，無法預期的機智搞笑與刻意惡搞是這三個大男生的招牌標誌，以《壞品味劇場》(Bad Play) 系列年年在藝穗節大放異彩，也於其後獲得電視臺青睞，成為時有新作的

▲英國喜劇團體「螞蟻白癡」是藝穗節的常客 © Robbie Jack/Corbis

Step 2　看熱鬧？看門道！

愛戀·顛狂·夢丁堡

電視喜劇演員。此外，同樣以爆笑惡搞在愛丁堡藝穗節頗負聲譽的英國喜劇團體「螞蟻白癡」(Idiots of Ants) 也是熟悉愛丁堡藝穗節的常客們不會錯過的選擇。但惡搞幽默絕對不會只是英國喜劇的專利，每年總會有不少來自世界各地的其他表演團體推出惡搞耍笨、突梯而令人捧腹的絕妙表演，且完全不失專業與高水準的演出，像是 2010 年由阿根廷、俄國與義大利的跨國組合「卡布亞劇團」(Theatro di Capua) 所推出的《布宜諾艾利斯的瑪麗亞》(*Maria de Buenos Aires*)，有著絢麗而細緻的歌舞表演、舞臺布景與道具流暢而巧妙地貫串全場表演，流動的美感與令人出其不意的幽默感，讓整場的惡搞爆笑融化在令人驚嘆不已的視聽饗宴之中，完全收服了現場觀眾的心！

◀▶《布宜諾艾利斯的瑪麗亞》讓惡搞爆笑融化在令人驚嘆不已的視聽饗宴中 © Robbie Jack/Corbis

2 限制級的另類特技?!

說到特技表演大家想到的莫過於像太陽劇團那一類的現代馬戲團或是古早年代的動物特技馬戲團，然而你對愛丁堡藝穗節的期待若只有這樣，那就太小看它了！這倒不是要說太陽劇團的規模與創意被比下去了，而是在藝穗節你會看到的其實是更標榜古怪、惡搞、且更讓你驚奇爆笑的另類表演，尤其是到了晚上，藝穗節的節目又更加多樣化了，許多更大膽更挑戰禁忌的嘗試都會在此時出籠，常常還會出現一項絕對是太陽馬戲團所沒有的特色：兒童與保守人士不宜！！

精華特選之一：前幾年在世界各地巡演並大受歡迎的「怪胎綜藝幫」(La Clique) 便是 2004 年在愛丁堡藝術節誕生並一砲而紅的另類特技團。如何另類？它雖然也呈現出特技演員們不可思議的柔軟度與驚險片刻，但它更加入了許多讓你大開眼界的情色幽默、挑逗煽情卻絕不低俗的小酒館歌舞特技，同時還有令人瞠目結舌的突梯「怪胎秀」(freak show)，如：優雅高貴的挑逗女王竟突然開始吞食剪刀、長椅腳；壯碩不修邊幅的運動員竟然能把手、腳、頭同時穿過窄小的網球拍框！其他還有：光頭性格佬衣服一脫竟是全身上下穿滿了叮噹作響的銀環，並瞬間開始大跳肚皮舞！而這些都在幽默爆笑的言談與表演中進行，不再是過去特技團裡英雄式的特技展現，而是更強調感官挑逗與輕鬆幽默的娛樂綜藝深夜秀！儘管「怪胎綜藝幫」在近兩年似已功成身退，但這個演出捧紅了許多表演藝術家，如：英國著名的特技演員「(不) 規矩小姐」(Miss Behave) 與「凱薩雙生兄弟」(Caesar Twins)、小酒館爵士女伶卡蜜兒 (Camille O'Sullivan)……，都是在各地特技或小酒館表演中備受歡迎的常客，也是經常出現在愛丁堡藝穗節的賣座演員。

▶怪胎秀入口的宣傳藝人

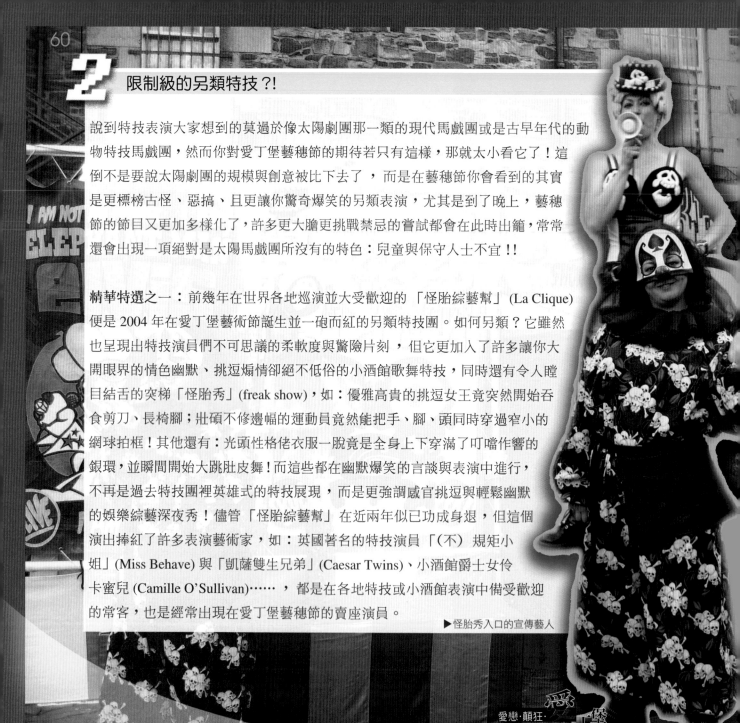

愛戀・顛狂・丁堡

▲凱薩雙生兄弟為愛丁堡藝穗節拍攝的宣傳照 © Reuters

Step 2 看熱鬧？看門道！

精華特選之二：另一個讓人驚嘆不已的限制級特技表演更是令人咋舌，是目前仍舊年年在愛丁堡藝穗節大受歡迎的《老二偶戲》(The Puppetry of the Penis)，所有看過這個表演的人絕對忘不了！你或許納悶題目中的「老二」是啥……你想得沒錯！它真的就是指男人的生殖器！不過你可別以為這是男人的牛肉場或是甚麼色情表演；也不要以為演出的主角是長得像「老二」的戲偶……這個演出真的就是拿實實在在的「老二」當戲偶！別嚇壞了，這完全是一個爆笑的演出！！！這個表演從頭到尾就是兩個穿著運動白襪的全裸歐吉桑，充滿創意且幽默地將自己的老二不斷重新塑型，成為各種不同的物品，小到漢堡，大到帆船，這兩位澳洲佬的想像力及「老二變身能力」年年讓觀眾嘆為觀止且爆笑如雷，這或許可以比擬為「男版搞笑十八招」！！不僅如此，他們還年年推陳出新，到了 2011 年甚至推出了3D 版的現場演出，使得這兩個「老二戲偶」的演出更加栩栩如生、近在眼前！若有興趣一睹為快，可以先到他們的官方網站下載演出片段：http://www.puppetryofthepenis.com/。只要你跳脫了「老二」跟情色的聯想，將它當作是一個如同手腳般多用途的身體器官，無論你是男是女，都絕對會被這表演逗得笑聲連連而一時不知煩惱為何物！

▲▲老二偶戲官網

微醺誘惑

昏暗搖曳的小酒館燈光下，杯影交錯、慵懶微醺的氣氛，引領著觀眾享受一場美豔誘惑與機智幽默的視聽饗宴……「小酒館表演」(cabaret) 是近幾年來愛丁堡藝穗節中深受觀眾青睞的表演形式，到了 2011 年表演數量之多，甚至在節目冊中成了一個獨立的類別，其受歡迎的程度可見一斑。這也是屬於綜合性的表演形式，結合著娛樂性的小魔術、語帶雙關的機智笑話、爵士風的醉人歌聲，但真正的「小酒館表演」精髓當然要屬「情色歌舞」(burlesque) 了：身型姣好的性感歌舞女郎以主題式、風格化的各式裝扮，載歌載舞地誘惑著觀眾席間的翩翩紳士，伴隨著爵士樂的慵懶，跟著演出漸進，女郎亦層層褪去身上看似稀少卻繁複而驚喜重重的性感舞衣，挑逗誘惑著觀眾直到最後一刻。然而這絕不是脫衣舞！儘管這一樣是兒童不宜的演出類型，但卻是由衣帶褪去的過程強調女體的優美與魅惑，而非著重由裸露的肢體以勾起色慾，當那最後一道薄衣褪去，依然是三點不露，但觀眾無論男女卻會因女郎的萬種風情而傾倒。「小酒館表演」並非千篇一律，各式不同的風格與表演形式不斷將此類演出推向高度多樣化與娛樂性的層次，許多演出甚至刻意滑稽化整個演出過程，由不斷打破觀眾被誘惑的情緒而製造出突梯而輕鬆的笑點。

最豐富的肢體劇場展演

006

在表演藝術的範疇中其實種類相當的多，但無論中西方的劇場藝術中，仍舊是以重視文字、口語與劇情鋪陳的文學劇場為大宗，平時肢體劇場的作品展演並非如此頻繁，其所獲得的關注也顯得相對稀少，這造就了肢體劇場一直維持在非主流的劇場類別中。但是在愛丁堡藝穗節，對於喜好觀賞以肢體代替言語訴說故事的觀眾來說，簡直就是來到了天堂！藝穗節的節目冊中，直接就有個「肢體劇場」的類別，而非只從屬於「戲劇」(theatre) 的大類別之下，不僅有來自各個不同國家的肢體劇場演出，而且數量之多常讓人陷入抉擇的困境，更重要的是有許多世界知名的、藝術成就極高的團體都是經常在愛丁堡藝穗節演出的常客，像是來自俄國、駐團於柏林的「做劇場」(Do Theatre)、俄國的「德瑞弗劇團」(Derevo)，絕對是許多藝穗節老手必然不會錯過的團體。肢體劇場在愛丁堡藝穗節的蓬勃繁盛，完全印證了藝穗節脫離主流而獨立的創始精神，所有的藝術類別或表演形式，絕不會因為非主流的邊緣特質而受到忽視，相反地，更能在藝穗節的自由開放中獲取得以茁壯的養分與支持，真正的藝術所應有的包容與創新精神在藝穗節中充分展現！

UK

Dou
biza

H
deli
and
De
the
to
pi

co
d

"
i
dancing."

Aachener Nachrichten April 2007

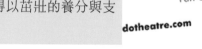

愛戀・顛狂・愛丁堡

Evgeny Kozlo
Alexander Bo
Evgeny Kozlov
Julia Tokarev
Irina Kozlova

Tanya William

DO-Theatre
Alexander B
Tomas New
Pan Quarte

dotheatre.com

▼來自柏林的「做劇場」是藝穗節不可錯過的團體

▼來自俄國的德瑞弗劇團在肢體劇場界頗負盛名 © Robbie Jack/Corbis

RRIBLE INFANTS

▼《可怕的孩子》在愛丁堡藝穗節大放異彩 © www.grahamlewisphotography.co.uk

▲盲頂劇團 2011 年的新作《桌子》© Jane Hobson/Alamy

ittle Linena was made of cloth and   y his tum gru

5 童真與意境的人偶想像

「偶戲」是如肢體展演般，同樣跳脫語言而強調肢體表意的表演形式，但卻更鮮明地喚起了童真的情懷，這使得許多人誤以為「偶戲」即可與兒童劇劃上等號，這實在是過於簡化的誤解！實際上，人偶與傀儡道具絕不是兒童劇的專利，尤其是當代西方實驗劇場經常採用戲偶作為劇中角色，或是讓演員肢體化身為傀儡或機械的表現方式，在傳達可愛童真之嚮往與期待的同時，也常常在視覺的驚奇效果之下隱藏著人性中的失落與悲傷，營造出連真人演員都無法完整呈現的心碎片刻與悵然若失的孤絕意境，讓觀眾一下暢然大笑、一下悲從中來；一下回溫兒時的單純歡樂、一下卻又跌落心痛不已的孤絕深淵……又悲又喜、五味雜陳，此類作品經常是愛丁堡藝穗節中得到觀眾無盡迴響與推薦的上乘佳作，不僅因票房與評論的優異表現而得到轉戰倫敦的機會，更常成為該劇團的經典劇目，每年於愛丁堡藝穗節推出新作的同時，也會再度加演經典劇目，讓想重新回味與曾經錯失機會的觀眾都能體驗該劇的懾人魔力。像是「可怕的孩子們」劇團 (Les Enfants Terribles Theatre) 同名劇目《可怕的孩子》(*The Terrible Infants*) 便連續兩年在愛丁堡藝穗節獲得了滿堂彩；俄國劇團「闇黑白空」(blackSkywhite) 的《昆蟲宇宙學》(*Astronomy for Insects*) 也同樣先後獲得了愛丁堡藝穗節與倫敦默劇藝術節的評論與觀眾青睞；英國當前著名的偶劇團「盲頂劇團」(Blind Summit) 當年便是以《頹蕩生活》(*Low Life*) 一劇在愛丁堡藝術節闖下名號，其後不斷巡迴演出，隔年再度於愛丁堡藝穗節中大放異彩，該劇團 2011 年的新作《桌子》(*The Table*) 也陸續於愛丁堡藝穗節與倫敦默劇藝術節中贏得評論讚許與票房佳績。

blackSKYwhite |Russia|
Astronomy For Insects

Assembly Room - Aurora Nova,
Venue 8, St Stephen's Street
5th-27th August (not Tuesdays)

整個愛丁堡藝術節最顯著的現象便是整座城市全都成為展演空間，除了平時就充滿展演的劇院、博物館之外，酒吧、飯店、咖啡廳、一個不起眼的小角落、一個原是政府建物的閒置會議廳、一棟平時毫不起眼的民宅、一個廢棄的舊建築、甚至是一間民宿的客廳都突然成為了展演的空間，當年藝穗節在充滿顛覆精神卻缺乏資金的創立下，開啟了這將不可能變為可能的空間運用模式，並擴及了其他後起的藝術節，成為愛丁堡藝術節不可或缺的精神。近年來在表演藝術方面，跳脫傳統的鏡框式舞臺展演空間，而將特定空間充分運用成為表演場域的特定場域表演 (site-specific performance) 逐漸受到觀眾的青睞，而產生了愈來愈多對空間的實驗，在藝穗節的展演中尤其顯著。在公園的林地枝幹間演出的特技版《仲夏夜之夢》，在愛丁堡大學的中庭上演的踩高蹺《馬克白》；在著名義大利餐廳中與《飯店女神》(La Locandiera) 的角色們共進晚餐、目睹荒誕有趣的愛情追逐；你也可以選擇被關在一次只有兩個觀眾可進入的電梯表演空間「5065 號電梯」(5065 Lift)，近距離感受具爆發力與緊繃情緒的獨腳戲；或者，若你願意，你可以全程站立著觀賞特技表演《禁忌》(Tabú)、隨著在半空中及帳棚內四處移動的特技演員與現場樂手穿梭於帳棚空間之中；若你想體驗鬼魅空間，除了參加愛丁堡著名的 「鬼魂地下巡禮」 (Ghost Walk) 之外，你更可以進入一整棟被鬼魂盤踞的空間，在轉變成演出場地的愛丁堡古老民宅之中，循序

▲ 特技表演《禁忌》讓觀眾穿梭於帳棚空間中 © Adrian Sherratt/Alamy

▶《飯店女神》突破傳統展演空間的限制，將場景活生生搬到真實的餐廳裡，讓觀眾與劇中人物一同品嘗人生百味。
© Steve Wilson Photography

▲◀《1059 號作品》在蘇格蘭人階梯內展現了對空間的重新詮釋

探訪一個個房間的同時，一件古老而遭人遺忘的謀殺案祕辛隨著鬼魅們的傾訴話語而逐漸顯現……各式各樣對空間及表演的不同應用，讓觀眾在看戲的過程中如同經歷了一場未知但驚喜連連的冒險。

從前面三項特色一直行文至此，似乎都在談藝穗節，顯得其他藝術節較不被重視，當然不是如此，然而也不可否認地，藝穗節既是愛丁堡藝術節中最顛覆最具實驗精神的藝術節，要談愛丁堡藝術節最突出與誘人的特點就很難不對藝穗節多加著墨了！但此處要談到展演空間的運用，就不再只有藝穗節專美，視覺藝術節與國際藝術節在空間的多重運用與創新上也常有著令人驚豔的作品。視覺藝術方面，一般都是在藝廊、博物館等空間展示，然而，愛丁堡視覺藝術節卻也運用了非傳統的展覽空間，2011 年最新的另類空間作品《1059 號作品》便是著名藝術家馬丁克里德 (Martin Creed, 1968–) 在名為「蘇格蘭人階梯」(Scotsman Steps) 內展現對空間的重新詮釋，這棟《蘇格蘭人報》所擁有之十九世紀歷史建築，近日在愛丁堡市政府的主導下進行整修，而《1059 號作品》更成為了整個整修計畫的一部分，不僅是個視覺藝術饗宴，更讓觀者在上下於階梯的過程中感受愛丁堡跨文化與悠遠歷史的震撼力量。2011 年視覺藝術節另一個別具歷史意涵的特定場域 (site-specific) 作品《證據實體》(*Body of Evidence*) 更選擇了不乏行人穿梭於其中的公共場域：位於牛欄區 (The Cowgate) 的南橋 (South Bridge) 橋墩，藉由橋墩石壁上由藝術家克里斯摩爾 (Chris Moore)

愛戀·顛狂·愛丁堡

所刻劃出的一整道磨亮痕跡，喚起了過往大批牛群壅擠穿梭於橋墩間的人民生活記憶，以視覺召喚記憶，向愛丁堡在地庶民歷史致敬。而國際藝術節呢？對於總是在正式且大型的劇院、音樂廳舉辦的國際藝術節來說，特定場域表演當然不是它的強項，然而這並不代表國際藝術節在空間的應用上就不值一提。儘管對空間的應用只限於舞臺上的空間，但邀集國際專業人才、高預算的國際藝術節大製作，每每讓觀眾驚豔於其令人感到震懾的創意設計、豪華排場與重重的機關巧思，雖然不是讓觀眾步行於其中或近距離接觸的演出，所產生的臨場震撼自然也同樣令人難忘。

跨文化藝術饗宴

要感受各種不同文化的活力，當然首推多元文化藝術節，這如同週末嘉年華會般的草地盛會，有著來自不同文化的激盪與共鳴，悠遊穿梭於其間與各種不同文化交流互動，輕鬆愜意但也最自然自在。但若要觀賞各種不同文化的經典演出，藝穗節與國際藝術節自然是愛丁堡藝術節中最重要的來源。如前文所提，國際藝術節年年邀請國際上知名的演出團體前來演出，抑或是請導演藝術家與當地演出團體合作，創造出一個全新的製作，其演出作品往往是世界知名的經典作品，如莎士比亞、王爾德 (Oscar Wilde, 1854–1900) 的作品或是經典歌劇劇目，但其中跨文化的質素是絕不容忽視的，畢竟這就是國際藝術節跨國際的邀請所真正要創造出的文化衝擊，即便是遠從亞洲邀請的團體也常是以跨東西文化的展演而令人印象深刻，像是 2011 年愛丁堡國際藝術節便邀請了臺灣著名的當代傳奇劇場，以京劇重現莎翁的《李爾王》讓觀眾耳目一新。而藝穗節的跨文化特質則是純粹因其來自世界各地不同種族文化的演出團體而顯現，在藝穗節的展演作品中，常可以在充滿娛樂效果的輕鬆氣氛中感受到來自不同文化的衝擊，像是經常在藝穗節票房大賣的《曼谷美少男》(Lady Boys of Bangkok)、日本太鼓及武士道表演、肚皮舞表演……，都可以讓許多無緣接觸他種文化的遊客，在充滿娛樂效果及視聽刺激的演出中，淺嘗一下別具風情的娛樂展演。到愛丁堡藝術節，不妨挑個充滿異國文化風情的表演，或許你會從此對該文化有了另一種認識！

Step 2 看熱鬧？看門道！

Step 3 驚豔乎？踩雷否？

—— 如何挑選最麻吉的好節目

ON TODAY AT BEDLAM THEATRE

10.15	AN ACRE AND CHANGE
11.30	A SLEACHER'S GUIDE TO MODERN THEATRE
13.00	LEAPING GOD SLY
14.30	KAFKA AND SON ICE!
16.15	THE TERRIBLE TALES OF THE MIDNIGHT CHORUS
15.30	FLOR DE MUERTO
18.50	DANCE, DOCTOR, DANCE
20.00	THE WAKE
21.00	ANOTHER SOMEONE
22.30	THE INCONSIDERATE
00.30	THE IMPROVERTS

了解自己喜好的藝術類型

既然愛丁堡藝術節是這麼豐富多樣的藝術盛宴，在時間及荷包有限的情況下，知道如何選擇以及從何著手自然是件重要的事！但是愛丁堡藝術節之所以豐富便是在於它同時擁有各式各樣的藝術類型，因此首要之務是必須先清楚不同藝術類型之特色且由此而了解自己的喜好，才能盡興地享受愛丁堡藝術節所能給你的最大娛樂。

對臺灣讀者來說，最讓人困惑的應屬表演藝術的繁複種類，以下便提供了簡明的表演藝術小辭典以及各藝術節所涵蓋的藝術類型，由此你便能對各個藝術節是否投合你的喜好有更清楚的了解。

Step 3

表演藝術小辭典

1. 文學戲劇 Drama

由獨白或對話以及行動所構成的演出作品，相對於其他戲劇種類，較重視劇情與主題的鋪陳，且將劇本中的語言文字置於首要的地位，還可分為「悲劇」、「喜劇」、「悲喜劇」、「歷史劇」……各種不同的分類。莎士比亞、王爾德之戲劇作品即為此類，且一般常見的劇場作品亦多屬此類型。

2. 歌劇 Opera

由聲樂家擔任不同角色，以古典樂曲演唱構成的音樂性戲劇演出作品，完全無對白，對音樂與演唱的重視高於一切戲劇要素，但華麗精緻的服裝與場景也常是必備的演出要素。例如：在臺灣擁有高知名度的《杜蘭朵公主》、《費加洛婚禮》、《卡門》……。

▲《費加洛婚禮》是歌劇舞臺上的常客 © Reuters

愛戀·顛狂·愛丁堡

▲史上最長壽的音樂劇《悲慘世界》至今仍在倫敦西區上演中 © Reuters

▲《歌劇魅影》可謂全球知名度最高的音樂劇
© Robert McFarlane/ArenaPAL

3. 音樂劇 Musical

相較於歌劇，音樂劇之音樂較通俗，而非古典曲式創作而成，通常有口語對白，且常穿插舞蹈，劇情亦簡明易懂，強調感染力與娛樂性，屬於廣受大眾喜愛的綜合娛樂類型，《歌劇魅影》、《悲慘世界》皆屬此類。

4. 小酒館表演 Cabaret

顧名思義即為在小酒館內昏暗微醺的氣氛中，讓酒客們更加愉悅放鬆的娛樂性表演，多為女性舞者以極為挑逗性感之姿搭配主題性的服裝與舞蹈，展現女性肢體之美且常充滿暗示與嘲弄，以機智與美感擄獲酒客的青睞；但亦有男性表演者，以語帶雙關的機智言談搭配魔術、特技以及帶有情色想像的肢體表演。此類表演在近十年英國及世界各地的表演藝術版圖上迅速竄起擴張，已然蔚為風潮，更有專門的「小酒館表演藝術節」(Burlesque Festival) 每年在倫敦、紐約、多倫多、蒙特婁、溫哥華、雪梨、墨爾本……世界各城市中舉行。

5. 肢體劇場 Physical Theatre

以視覺性、概念性的肢體展演為主，有時亦結合舞蹈性的肢體語言，口語所占據的重要性相對減低，許多表演甚至從頭到尾不發一語，卻完全藉由身體與聲光之交錯融合，創造出令人屏息的動人氛圍，擺脫了劇場受制於文字的局限，「默劇」屬於此類，但絕不僅只如此，肢體劇場提供了表演藝術一個變化多端的創意場域，若是擔心英文能力會影響觀戲經驗的人，此類型會是兼顧藝術性與娛樂性的選擇。

6. 相聲秀喜劇 Stand-up Comedy

這是喜劇的一種，就是一般中文所說的「脫口秀」，一般而言是由單一個或兩個喜劇演員在舞臺上唱作俱佳地說笑話給觀眾聽，以及演出摹擬特定情境或模仿名人的「爆笑短劇」(sketch)，通常觀眾會三句一大笑、兩句一小笑地從頭笑到尾。除了極具表現力的表情與肢體表演之外，這當中常會加入許多與現場觀眾的互動，因此相聲秀喜劇演員需要極佳的臨場反應能力與處變不驚的高度幽默感。許多知名的演員與劇作家都曾是相聲秀喜劇演員，如：美國影星金凱瑞、琥碧戈柏、英國著名劇作家派翠克馬柏 (Patrick Marber) 都是顯例。但千萬別誤以為「脫口秀」的英文為 Talk Show！這是中文翻譯上的混淆，Talk Show 指的是「電視談話節目」，像美國著名的《歐普拉秀》(*The Oprah Show*)、《艾倫愛說笑》(*The Ellen DeGeneres Show*) 都是「電視談話節目」(Talk Show)，而非「脫口秀」。

7. 兒童劇 Children's Show

以兒童為目標觀眾或老少皆宜之劇場作品，劇情簡明易懂，常具有豐富鮮明的色彩及活力。

8. 芭蕾舞 Ballet

一種極度講求優雅與精準的古典舞蹈形式，起源於十六、十七世紀的法國宮廷，舞者肢體展現出驚人的輕盈與經長年嚴格訓練而來的高度技巧，此外，精緻華美與壯觀的場景服裝為必備的舞臺呈現。

9. 現代舞 Modern Dance

為二十世紀興起的舞蹈形式，源於對古典芭蕾嚴格規範與限制的顛覆，強調對舞作的獨特詮釋、內在情感的挖掘與展現，追求肢體的自由與無限可能，因此舞者之服裝多較簡潔，甚至捨棄舞鞋。

▼莫里斯舞為英國著名的民俗舞蹈 © AP Photo/Sang Tan

10. 民俗舞蹈 Folk Dance

呈現傳統文化或特定區域之信仰、風俗的民間舞蹈，富有草根生命力，搭配該地、該文化之傳統音樂。

▲講究優美與精準技巧的芭蕾 © Reuters

▲強調肢體自由與情感表現的現代舞 © AFP

	表演藝術										音樂		
	文學戲劇	歌劇	小酒館表演	音樂劇	肢體劇場	相聲喜劇	兒童劇	芭蕾舞	現代舞	民俗舞蹈	古典樂	爵士藍調	民謠
爵士藍調音樂節			V									V	
視覺藝術節													
藝穗節	V	V	V	V	V	V	V	V	V	V	V	V	
性靈和平節	V				V				V	V	V	V	
前衛熱門音樂節			V			V							
伊斯蘭盛會													
人民盛會						V							
互動媒體藝術節													
國際書展													
國際藝術節	V	V		V				V	V		V	V	
政論盛會													
國際行銷藝術節													
多元文化藝術節	V			V	V					V			

| 行袞 | 視覺藝術 | | | | | 講座 | 其他 |
	繪畫	雕刻	工藝	行動藝術&裝置藝術	攝影	演講&論壇	其他活動
						V	
	V	V	V	V	V	V	兒童說故事行動導覽
	V	V	V	V	V	V	開幕遊行、狂歡遊行、街頭表演、 短片紀錄片（2010年始新增）
						V	公平交易美食音樂會、朗讀會、民俗技藝展演、靈修行腳、靜默、民俗舒緩療法、電影賞析
	V		V			V	文物展、工作坊、語文密集班
						V	朗讀會、行動導覽
						V	電玩科技展示、工作坊
						V	簽書會、朗讀會
			V		V	V	工作坊
						V	工作坊、辯論會
						V	
						V	跨文化美食市集、兒童跨文化體驗活動、傳統服飾伸展秀

各式資訊何處尋？

1 街頭廣告傳單

這是最簡單也最輕易取得的資訊了！尤其是當你一走到最精華的「皇家大道」(Royal Mile) 上，保證你有拿不完的傳單跟廣告。演出的藝術家會在街頭穿著戲服即興演出並提供演出傳單，若你願意，還可以跟他們聊天、合照！此外，有許多專門的宣傳人員會以各式不同花俏逗趣的打扮吸引來往遊客的目光，他們散發的傳單有時是來自各種不同的節目，甚至會直接給你一整袋的宣傳單，裡面還有附贈的小紀念品！有許多的傳單都設計得相當精美、充滿創意，即使你不打算買票看表演，來這裡走一遭看看街頭各式不同的表演跟宣傳人員的有趣裝扮也會是很不錯的享受！

2 各項藝術節之節目總覽手冊

在整個愛丁堡藝術節中，所有大大小小的藝術節幾乎都會毫不吝嗇地製作精美的節目總覽手冊，將關於該藝術節的各種展演及節目內容、時間、地點、地圖、票價……所有資訊都詳列在其中，而且全都是免費索取的。

A. 包含哪些內容資訊？

票價、時間、地點 　　# 展演地點資訊
訂票資訊 　　　　　　# 節目列表
展演地圖 　　　　　　# 藝術節相關資訊

B. 何處取得？

除了可以在各個藝術節主辦單位的諮詢中心索取之外，其實只要是展演的場地都會有專門放置藝術節傳單與節目手冊的專區，不過，當然是愈大愈具規模的展場，所能放置的廣告、傳單及手冊就愈多，能提供的選擇也愈多，所以不妨前往幾個較大的藝穗節展演劇院（如：Pleasance、Assembly、Underbelly、Sweet、C）或是國際書展的入口大廳、藝穗節總部與電子票亭、國際藝術節的各個演出劇院（如：Usher Hall）……等處，就能一次取得較多種類的節目手冊及廣告宣傳。

◀2010 國際藝術節總覽手冊

▼2007 爵士藍調音樂節總覽手冊

▲劇院的節目手冊

征服厚重的藝穗節節目手冊！

一本藝穗節節目手冊將近 400 頁，內容詳盡豐富，然而儘管美編如何地繽紛多彩，對於不熟門道的人來說，很容易望之卻步、不知該從何看起。但別被它的厚重份量給唬住了，只要掌握下面幾個重點，就會發現它其實一點都不難，而且非常好用喔！

★認識九大藝穗節節目類型

這本手冊的內容主要是依照九大藝文展演類型加以分類的節目列表。這九大展演類型為：

1. 喜劇 Comedy

這是藝穗節中最大宗的表演類型！以 2011 年為例，近 400 頁的節目手冊中，光是喜劇類就占了 136 頁，可以想見其數量及種類之多。喜劇類所包含的，除了最常見的劇情喜劇外，還有英國人最愛的「爆笑短劇」(sketch) 及「相聲秀喜劇」(stand-up comedy)，前者即為我們平常在電視綜藝節目中容易見到的情境模擬爆笑短劇以及模仿名人的嘲諷小品，而後者則是一般俗稱的「脫口秀」。愛丁堡藝穗節的「相聲秀喜劇」是非常著名的，它不僅吸引了來自世界各地的優秀喜劇演員來此一展身手，許多英國當今著名的喜劇演員也幾乎年年夏天來愛丁堡演出，並且同時享受著其他同行所帶來的娛樂，這等於是喜劇演員大集合，更是喜歡「相聲秀喜劇」的人絕不能錯過的盛會。

2. 戲劇 Theatre

戲劇的種類相當繁多，無論是現代、古典、傳統、前衛、東方、西方、喜劇、悲劇……，全都囊括在內，有時會與上面所提到的喜劇類有些重疊，但簡單地說：戲劇類較強調劇情性，而喜劇類則較偏重娛樂性。只要抓住這個簡單但最主要的分辨原則就一切搞定囉！

3. 舞蹈與肢體劇場 Dance & Physical Theatre

若要說最跨越國界、最超越語言限制的表演，非此類莫屬！人的肢體乃是一切溝通的根基，「舞蹈與肢體劇場」強調身體的展演，降低甚至完全去除語言的隔閡，可以想見，如此強調跨領域之藝術展演，常是許多最創新的前衛劇場一展身手的地方，多年來，藝穗節的此類表演都出現非常多叫好叫座的高水準演出。

▼▶ 藝穗節節目手冊內頁

Step 3 驚豔乎？踩雷否？

4. 小酒館表演 Cabaret

這是 2011 年新加入的類別，但這不代表過去的藝穗節中都沒有這類型的表演，事實上正恰恰相反，就是因為過去幾年來小酒館表演無論是數量與品質都急速地往上竄升，使其終於能自成一個類型，而與其他各類型互別苗頭。過去的藝穗節節目冊中，「小酒館表演」大多被歸類於「喜劇」或「舞蹈與肢體劇場」之中，自是因為其表演的重要特色之一即是以肢體之擺弄與展演進行嘲弄、諷刺以博君一笑。愛丁堡藝穗節的自由精神向來鼓勵著大膽、前衛、百無禁忌的各種展演，在此的小酒館表演絕對會是挑戰你的感官極限與幽默感的最佳選擇。

5. 音樂劇與歌劇 Musicals & Operas

音樂劇與歌劇這兩種同屬於以歌唱取代大量對白的音樂性劇場表演，平日大都是在倫敦西區的大劇院或是大型歌劇院才能欣賞得到的，對於喜愛經由歌唱美聲引領著觀賞劇情推展與張力的觀眾來說，藝穗節的此類節目提供了平日大製作、高票價的選擇以外，更多樣、更活潑也更輕鬆自在的觀賞經驗，無論是古典的歌劇或是當代樂風的音樂劇，都在藝穗節中呈現出了不同的創意與風貌。

▶藝穗節節目手冊內頁

愛戀‧顛狂‧愛丁堡

6. 音樂 Music

包含各種不同類型的音樂表演，爵士、古典、流行、前衛、民謠、搖滾、民族音樂……樣樣不缺，甚至平常不易聽到的另類音樂也會在此占據相當的篇幅與分量，完全展現了藝穗節多姿多采的本色。

7. 親子表演 Children's Shows

可愛、逗趣、多彩、熱鬧、驚奇……任何你想得到小朋友們會喜愛的演出特點，都可以在藝穗節的親子表演類中享受到。其中，更不乏老少咸宜的創意節目，不僅小孩看了開心，大人們也能從中獲得趣味與啟發，而不再只拘泥於純粹討小孩歡心的布偶與童話故事。

8. 展覽 Exhibition

此類主要為視覺性的美術品展覽，雕刻、畫作、攝影、裝置藝術、行動藝術……都在此類，儘管愛丁堡藝術節中已包含了「視覺藝術節」，但藝穗節仍舊提供了視覺藝術家們另一個展示個人作品與創意的窗口，讓整個愛丁堡藝術節中視覺藝術展覽的份量不遜色於占領了全城的表演藝術展演。

9. 藝文活動 Events

這個類別囊括了各種演講、座談、討論會、主題影片放映與導覽活動，呈現出藝穗節除了各種展演之外，還兼顧著智識性、多樣性及深入性的議題探討與挖掘。

★解讀節目簡介

1. 媒體評論與評價

節目介紹中常會引用媒體對該演出團體或其先前作品的稱讚與評價，一般而言，都是列出四星以上（滿分五星）的評價，以及藝評家的正面性形容詞以吸引觀眾。在此情況下，讀者必須要稍稍了解其所引用的媒體或藝評家特性、品味與各人偏好，才不至於選擇了不符個人喜好的節目。若是完全沒列出藝評或媒體評價，則代表了此團體可能成立不久，或是尚未出現過獲得媒體青睞與注目的作品，因此便很難判斷此節目在專業性或藝術表現性上的水平，然而也有不少此類名不見經傳的作品與團體後來出乎意料地大放異彩，因此在這種情況下，讀者可以在藝穗節開始一週後參考各方媒體的評論與推薦，便可避免遺珠之憾了。

2. 內容與形容詞

節目簡介中短短的幾行字，不外乎就是撰寫該表演之故事內容以及吸引人的形容詞，常讓人眼花撩亂，不知該如何在一堆形容詞中分辨其差異及符合個人喜好的表演。但其實說穿了，其中隱藏著的規則很簡單，這裡提供一個小撇步供讀者參考：一般而言，若該表演簡介中是以故事內容的介紹為主，就代表該表演較偏重故事性本身的呈現，也就是在視覺表現及其他方面相對而言較不強調，所以若是較偏好聲光效果的讀者，或許就要多加考慮是否選擇此類作品；反之，若是該簡介中對於情節的介紹極少或完全省略，而是改以豐富的形容詞取代，那通常就代表此作品較屬於偏重視覺性、意象性的美感或是肢體表現，有時會顯得較為抽象（但並不一定艱澀難懂！），所以對於較喜愛清晰故事性的觀眾而言，此類作品可能就會不太對味。不過，改編自名著的作品就不太適用這個簡易的判斷規則，因為

是名著，所以簡介中常常會省略故事介紹，而是以其他的敘述或形容詞來強調該表演的特色，此種狀況下，便得看讀者是否受到其中形容詞與敘述的吸引，或是對於該名著是否有著較強烈的喜好而定了。

3. 小「陷阱」

其實說是「陷阱」，似乎有些過於苛刻，但若說是「誤導」，卻又不太真確。這裡所要說的其實是跟第一個解讀要點相關，也就是關於在節目簡介中所引用的名人或是媒體的評論片段。其中的「陷阱」乃是在於，有時所引用的評論內容並不是針對該演出本身所提出的，例如：有些評論是針對該劇團的過往作品所做的評論，有時只是針對該劇團中的主要演員或導演的讚賞。不過這些都還算是對於判斷該作品的演出性質具有參考性的評論，但較易引起「誤導」的，莫過於有些改編自名著的作品簡介中，引用了媒體對於該名著作品本身或是其中人物的評論與稱許，儘管，在這些引用的評論之後都會用較小字體的括號附註說明來源及評論對象，但這可能會讓讀者一不小心誤以為是媒體對於該演出所做的相關評論，而且也似乎代表了該演出團體並無法找出其演出作品本身較特殊、較值得加以著墨之處，也就只能靠其改編名著之光環來吸引觀眾了！

▶藝穗節節目手冊封面

3 各展演場地的節目總覽手冊

不消說，所有的劇院及展演場所都會印製免費的節目總覽手冊，而且也必定是多彩多姿、花樣百出，以期達到吸引大批觀眾的目的。通常這些專屬特定場地的節目冊只能在該展演場地索取，但有些規模較大的展演劇院會有好幾間連鎖的劇院，像是前面提到的 Pleasance、Assembly、Underbelly、Sweet、C……等等，都是屬於此類：Pleasance 劇院系列同時有 Pleasance Courtyard 及 Pleasance Dome；Sweet 系列有 Sweet ECA、Sweet Grassmarket、Sweet Grassmarket 2 以及 Sweet Mobile Children's Theatre；Underbelly 系列則包含了 Underbelly、Underbelly's Smirnoff Baby Belly 以及以 Understairs 為名的三個展演場地。而規模最大的莫過於 Assembly 系列的藝穗節連鎖劇院，其陣容堅強到同時有八個極受歡迎的展演空間在愛丁堡最熱鬧的區段。這類型的連鎖展演空間，因屬於同一管理公司旗下，便會印製豐富精美、別具份量的聯合節目總覽手冊，如此一來，只要拿到一本，便可一次遍覽好幾間劇院的節目介紹，這對劇場經營者來說當然是增加票房的有效宣傳方式，而對於藝術節的觀眾來說更是相當的便利，從而減少了搜尋節目的麻煩。

◀▼Assembly 劇院的節目總覽手冊

▼Assembly 劇院的喬治街分部

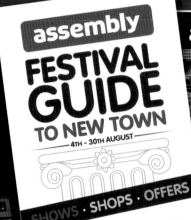

愛戀·顛狂·愛丁堡

▼娛樂公園劇院 (Pleasance Courtyard) 外觀

4 藝術節特刊

刊名	價格	專訪	評論推薦	節目列表	折價券	電子報	出刊頻率
愛丁堡藝術節官網日報	免費		★	★		★	每天
衛報藝術節日刊	免費		★	★		★	每天
三週特報： 愛丁堡藝術節週刊	免費	★	★			★	每週四
三週特報： 愛丁堡藝術節日報	免費	★	★			★	每天
藝文誌： 愛丁堡藝術節特刊	2.5 英鎊	★	★	★	★	★	八月首週特刊
藝術節雜誌	免費	★	★			★	每週二、五
瘦子	免費	★	★	★		★	八月特刊

A. 【愛丁堡藝術節官網日報】(The Official Edinburgh Festivals Daily Guide)

官網：http://www.edinburghfestivals.co.uk/festival-guide

這是囊括愛丁堡夏季各大藝術節所有展演活動的官方日報。從夏季第一個藝術節「爵士藍調音樂節」開始，這份日報便可以在愛丁堡的各個角落取得。除了依照開演時間順序的節目列表外，還會有兩、三個版面的專題報導，主要為評論推薦以及獎項介紹與報導，屬於較資訊性且中性觀點的指南。

B. 【衛報藝術節日刊】

(The Guardian: The Official Daily Guide to the Edinburgh Festivals)

官網：http://www.guardian.co.uk/culture/edinburghfestival

這是由吸引高知識左派讀者群的《衛報》(*The Guardian*) 所提供的藝術節日刊。從七月底到九月初，天天都能在愛丁堡的街頭與各個角落見到《衛報藝術節日刊》的免費索取點，但儘管如此，卻仍常見被索取一空的景象，可見這本特刊受歡迎的程度。這本特刊，儘管輕薄，內容卻完全囊括了八大愛丁堡藝術節的各種節目與活動，除了每日必備的當日節目總覽介紹與最後一頁的展演場地資訊之外，並如同愛丁堡藝術節的官方日報一般，清楚地以時間點為排序方式，從當天早上 9 點開始一直到隔天中午 12 點之間，任何節目的開場時間都不會被遺漏，所以無論讀者在任何時間任何地點想要觀賞愛丁堡藝術節的節目，只要翻閱《衛報藝術節日刊》，便能馬上就近參與愛丁堡藝術節的節目與活動，是本相當方便的輕巧手冊。這份特刊的資訊正確度與來源與官方的《愛丁堡藝術節日報》同樣具有權威性，最大的差別除了在於版面與印刷的形式不同之外，主要是內容上兩者所提供的評論推薦與特別報導有所不同。

▶《衛報藝術節日刊》封面

C.【三週特報：愛丁堡藝術節日報／週刊】(Three Weeks)

官網：http://threeweeks.co.uk/

這是個專為愛丁堡藝穗節所成立的藝術日報，取名為「三週」，即是強調這份日報與週刊只有在每年夏天愛丁堡藝穗節期間才會出刊，而近幾年，由於廣受歡迎，《三週》也開始在「布萊頓藝術節」期間出刊，拓展了其藝術報導的範圍與視野，假以時日或許能進一步囊括所有英國的大型藝術節，成為全英國的藝術節特報。儘管是天天出刊，每週四還有更詳細深入的週報出刊，卻總是有著數量驚人的評論介紹，總共有多達 80 位的評論者每天都馬不停蹄地觀賞藝術節中的各項展演，採用切中要點、不賣弄術語的短篇評論，以五顆星為最高分的呈現方式，讓讀者輕鬆地掌握該節目之特色與表現，有助於選擇出個人偏好的藝文活動。

這份藝術日報成立於 1996 年，其精神在於提供愛丁堡藝術節的觀眾最完整、最不具商業氣息的評論與參考，尤其是堅持報導與評介不受主流媒體青睞或是全然被忽視的另類作品，使展演資訊不受偏頗的媒體觀點所淹沒，因此《三週特報》特別擅長挖掘較不受媒體注目或是位處較邊緣地帶而乏人問津的作品，其中常有不少令人驚豔的傑作，喜愛小劇場作品的無限創意與顛覆精神的人可以多參考這份特報。

▶更詳細深入的《三週》藝術週報

▶天天出刊的《三週》藝術日報

ThreeWeeks IN EDINBURGH

WELCOME TO EDINBURGH 2010
and to the free preview guide
from the biggest reviewer at the festival

MEET FORMER WINNERS OF THREEWEEKS EDITORS' AWARDS BACK AT FESTIVAL 2010, INCLUDING ERIC, MOISHE'S BAGEL, LYNN RUTH MILLER,

THE BEST, AND WORST, OF ALL THE FESTIVALS

23 AUG–6 SEP 2007 / ISSUE 584 / FORTNIGHTLY / £2.20

Free Inside Edinburgh
Festival Supplement

THE LIST

GLASGOW AND EDINBURGH
EVENTS GUIDE

www.list.co.uk

RICKY GERVAIS
TRISHA BROWN
KNOCKED UP
ORPHEUS X
PICASSO
HAPPY MONDAYS
JOHN PILGER

Face to face
with the
chameleon
queen of pop

Bjork

FREE INSIDE! OFFICIAL GUIDE
TO THE CONNECT MUSIC FESTIVAL

◀重量級的蘇格
蘭地區藝文雙週
刊《藝文誌》

84

▶《藝文誌》中的
節目推薦排行榜

D. 【藝文誌：愛丁堡藝術節特刊】 *(The List: Edinburgh Festival Guide)*

官網：http://edinburghfestival.list.co.uk/

《藝文誌》是蘇格蘭地區相當重量級的藝文雙週刊，成立於 1985 年，意圖將全蘇格蘭各地正在發生的藝文活動發送到蘇格蘭的各角落，並且還會每年發行特定主題的專刊如：《飲食評鑑》 *(Eating & Drinking Guide)*、《愛丁堡內行人指南》 *(Edinburgh: Insiders' Guide)*、《蘇格蘭節慶指南》 *(Scottish Festival Guide)*……，可以說《藝文誌》猶如蘇格蘭地區的 *Time Out*，只要買一本《藝文誌》就可以掌握兩週內該地所有的藝文活動及飲食娛樂資訊。既然原本就是蘇格蘭地區飲食娛樂資訊的龍頭媒體，每年八月第一週，《藝文誌》當然是一定要推出《愛丁堡藝術節特刊》來共襄盛舉，提供許多第一手且深入的專題報導，使讀者對該年度的愛丁堡藝術節先產生綜觀性的了解，以便展開接下來這整個月的狂歡亨樂。雖然只有八月首週的《藝文誌》是藝術節特刊，但其實只要是在愛丁堡藝術節期間，《藝文誌》便會持續地提供數量眾多的相關評論與報導，若是瀏覽其網站，更是能持續收到最新的愛丁堡藝術節資訊。

Step 3　驚豔乎？踩雷否？

E.【藝術節雜誌】*(Fest Magazine)*

官網：www.festmag.co.uk

這是專為愛丁堡藝術節而生的免費藝文雜誌，在愛丁堡藝術節期間共發行六期，第一期在七月份發行，提供當年愛丁堡藝術節的綜觀報導，接下來的各期便在八月的每週二、五發行，提供深入的評論與專題報導。從 2002 年成立至今，短短幾年內已成為所有愛丁堡藝術節相關之媒體中資訊涵蓋最廣的雜誌。此雜誌最大的訴求在於提供藝術節的觀眾專業、深入且新穎的觀點，網羅英國媒體界知名的藝文記者與評論家，更是獲得了愛丁堡藝術節的媒體大獎「亞倫萊特藝文報導獎」(Allen Wright Awards for Arts Journalism) 的殊榮。而如此高品質的藝文雜誌卻完全是免費而且容易取得的，一整個八月，《藝術節雜誌》會發行高達 11 萬份的數量供遊客拿取，你可在愛丁堡街頭各角落、各個展演與售票地點獲得，甚至會有工作人員在街頭發送。

◀▼《藝術節雜誌》可在愛丁堡各角落免費取得

festtheatre

tabú
★★★★☆

The mission statement of NoFit State Circus is "to be the circus everyone wants to join." A noble goal, though one which would seem to sit uncomfortably with its latest show *tabú's* attempts to pose serious theological questions. While the allure the "dark side" holds for humanity is considered throughout the piece, this affects the overall atmosphere more than the specific content. Happily, the show is lent an underlying sense of pathos and fragility, while its focus remains firmly fixed on dizzying spectacle and communal activity.

As the audience enters the façade of a flying saucer situated on some otherwise unused wasteland of Leith Walk, an up-beat, immersive experience is clearly imminent. Once the lights go down, national stereotype characters (whose behaviour irritates as much as it amuses) begin to as both performers and ushe The audience is cajoled and c rected towards different area of the tent, as trapeze artists soar overhead and acrobats trampoline in their midst.

The many set-pieces are rigorously choreographed, most possessing a satisfying narrative of their own. One highlight is a performer in platform boots partially stripping and rolling a cigarette while suspended on a tightrope. Though *tabú* circus at its most modern and use of a

festcomedy

Nick Mohammed is Mr Swallow
★★★☆☆

Despite flirting with the meatgrinder of BBC3 comedy for the past year, Nick Mohammed has managed to find time to put together a Fringe show. This year he returns to his character Mr Swallow, a screeching self-help guru caught somewhere between Joe Pasquale and *Little Britain*. Such is Mohammed's ability that some audience members appear to take the character purely on stage - including the gent next to me who got up to rush towards the stage before a bit of

That said, the best character performances require meticulous forethought in order to maintain that credible illusion of hilarious spontaneity. Mohammed is still clearly warming to the material, leaving the joins in Mr Swallow's performance quite visible, with the occasional incongruous segue soliciting more raised eyebrows than belly-laughs. Much of the absurdism Mohammed crams into his 45 minutes onstage is good for a smirk, but very little is developed to the point where it's memorable. If anything, such is his charm you'll find yourself rooting for S

愛戀・顛狂・愛丁堡

What Would Helen Mirren Do?

★★★☆☆

For those of us under-30s who identify with middle-aged, pre-geriatric culture (you'll know us by our *Coronation Street*-filled hard drives and the panic attacks we suffer when we realise we've forgotten our daily fish oil), *What Would Helen Mirren Do*, Josie Melia's one-woman show inspired by legendary silver screen saucepot Helen Mirren, was always unlikely to fail. And indeed, Melia's sparkling, light-hearted piece, detailing the self-discovery of till-worker Susan (Anita Parry), knows its audience - perhaps at the cost of any wider appeal.

Susan is a middle-aged divorcée due promotion at her Huddersfield supermarket. The audience is taken in and out of corporate team building sessions, Susan's shop, and her newly emptied nest. Parry portrays the cast of characters - a hammy group leader, a seedy manager, a Herculean hypochondriac co-worker - with a truly gifted ease that's rarely over the top.

Like those sassy ladies comedies of the noughties from which *WWHMD* seems to take much of its inspiration (*Calendar Girls* and *Mamma Mia* both mentioned in the performance come to mind) Parry lulls its audience into a state of quaint, mothered bliss, which at moments can border on dull. But what could on the surface be interpreted as little more than a stage adaptation of these films is in fact more nuanced. Susan's story of finding excitement in a quiet existence speaks to an often-overlooked audience, and Parry's portrayal of Susan's relationship with her disabled son, in particular, is both poignant and tasteful. [Arianna Reiche]

Hill Street Theatre,
7:25pm - ...
Aug, not 10, 17, £5.00

Three Card Trick
Traverse Love Stories

While You Lie
★★
My Romantic History
★★★★
Girl in the Yellow Dress
★★★

Love is in the air at the Traverse this year, as Scotland's premier new writing theatre hosts three brand new productions all focusing on the complexity and imperfection of relationships. However, Valentines' Day rom-com mush this line-up most certainly is not.

Given top billing as the Trav's flagship production, **While You Lie** has been attracting a lot of attention. Written by the exciting young playwright Sam Holcroft and directed by the award-winning Zinnie Harris, it tells the story of two young (or youngish) urban couples battling to stay together under the oppressive blanket of economic instability.

While You Lie never quite seems to know what it's trying to say. What begins as an attempt to explore the idea of honesty in relationships - from assessing the impact of truth, truly answering the question 'does my bum look big in this', to the psychological harm caused by modesty - lurches clumsily into capitalist and sexual exploitation before the characters are implored to choose between a path of charity or of selfishness by a sinister, otherworldly doctor. While not short of ideas, *While You Lie* seems to get bored and abandon its various narrative strands long before reaching anything near a satisfactory conclusion.

Its greatest flaw, though, is its nauseating ending, which is gratuitous without any artistic compulsion. The horror of the gory, violently sexual crescendo of *While You Lie* completely overshadows the supposedly sensitive reconciliation between Holcroft's two young protagonists. There are some notable performances, in particular Claire Lams as the sexy-yet-vulnerable secretary Ana. The play, however, is simply too weak to be anything beyond a disappointment.

Much more successful is **My Romantic History**, a charming and irreverent comedy about accidental romance. Set in a nondescript Scottish office, two not-quite-so-young-anymore colleagues embark on an affair that neither of them particularly wants. Told alter-

nately from the perspective of both the male and female leads, it is an exploration of the importance of our first teenage loves, of our excessively high expectations of others, and of how two people can read the same situation very, very differently.

What makes this production so thoroughly enjoyable are the two perfectly weighted comic performances from Alison O'Donnell and Iain Robertson. Scottish viewers of a certain age will remember Robertson slurring the line "Sarah, I really fancy you. So how about it?" in the infamous early-noughties Health Education Board of Scotland's TV advertisement, a credential to which D.C. Jackson makes cheeky reference in his nicely observed script. Robertson's character, Tom, is both the relatable everyman and the contemptible, insensitive jerk. O'Donnell's Amy is alternately strong-willed and independent, and clingy and insecure. Much time is spent deciding who to side with before *My Romantic History* finally comes to its satisfying, if a little predictable, conclusion. It is a play that is simultaneously funny yet sensitive and also pleasingly reassuring.

If *My Romantic History* is concerned with an absence of chemistry, **The Girl in the Yellow Dress** is characterised by its electric presence. Set in Paris, the production is dominated by the sexual

tension between Pierre (Nat Ramabulana), a French-Congolese student of English tutor Celia (Marianne Oldham). He is a refugee of a country in the grip of civil war, she is looking to escape the social pressures of Middle England.

The Girl in the Yellow Dress is reflective of the best traditions of French romantic cinema: it's sexy, it's challenging, it's smart and there's a strong incestuous undercurrent running below the surface. But it's not entirely satisfying. The ending feels too tidy given the complexity of Pierre and Celia's relationship, while attempts to deal with questions of race feels too underdeveloped to be thematic and too explicit to be allegorical. It does, however, feature two brilliant performances: Ramabulana perfectly captures the deep complexity of a character trying to find his place in the world. Oldham is worthy of special praise: her portrayal of Celia's metamorphosis from the sassy, sexy and confident urbanite as she first appears into the damaged, vulnerable woman of reality is spectacular. [Ben Judge]

While You Lie, times vary, 5-29 Aug, not 9, 16, 23, £17.00

My Romatic History, times vary, 5-29 Aug, not 9, 16, 23, £17.00

The Girl in the Yellow Dress, times vary, 5-29 Aug, not 9, 16, 23, £11.00

F.【瘦子】(The Skinny)

官網：http://www.theskinny.co.uk/

這是在蘇格蘭相當知名的獨立雜誌《瘦子》(The Skinny) 所推出的愛丁堡藝術節專刊。自從2005 年秋天，《瘦子》雜誌在愛丁堡以及格拉斯哥 (Glasgow) 這兩個蘇格蘭最大的藝文與音樂城市崛起後，《瘦子》便成為前衛獨立藝文雜誌的代名詞，在這兩大城裡的藝文咖啡店、酒吧、獨立書店、餐廳、劇院及商店都可看到《瘦子》這個免費卻前衛的雜誌蹤跡。所有最前衛、最新崛起的以及邊緣的地下藝文活動，無論是搖滾樂、前衛音樂、戲劇、舞蹈、展覽，全部囊括在內，甚至包含了名流派對、研討會等在其他雜誌中不易見到的資訊，因此《瘦子》挖掘出了不少日後大放異彩的藝文團體，像是近年火紅的加拿大搖滾樂團「拱廊之火」(Arcade Fire)，早在成名前，《瘦子》的評論便已預告了他們的無窮潛力。所以，由《瘦子》所推出的愛丁堡藝術節專刊，自然也就同樣秉持著挖掘出最前衛、創新的藝術家及其表演的精神，讓年輕新進的創意人有嶄露頭角的機會，提供讀者別於一般觀點的藝文視角。

▲《瘦子》的藝術節專刊

▶挖掘最前衛創新
藝文活動的《瘦子》
藝術專刊

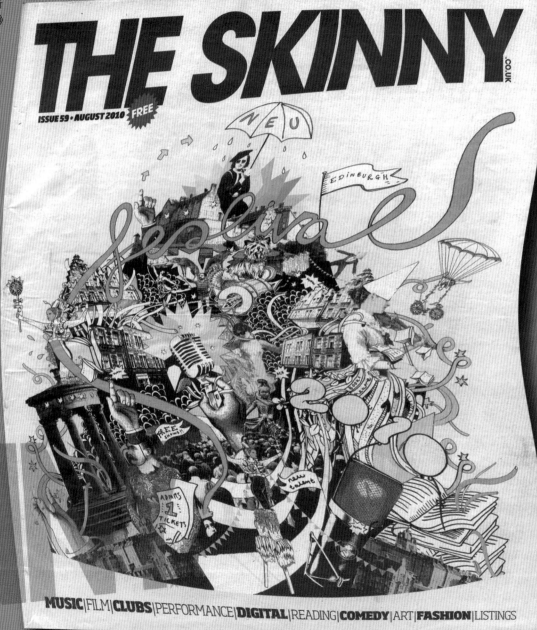

THE SKINNY .CO.UK

ISSUE 59 • AUGUST 2010 FREE

MUSIC|FILM|CLUBS|PERFORMANCE|DIGITAL|READING|COMEDY|ART|FASHION|LISTINGS

5　專業藝文報刊

除了以上專為愛丁堡藝術節而推出的專刊之外，平日便極具聲望的藝文相關雜誌及報刊也會在八月特闢大篇幅的專欄詳細評介愛丁堡藝術節的各項藝文展演，像是專業報導英國表演藝術相關資訊與評論的《舞臺週報》(*The stage*)，以及蘇格蘭著名的前衛藝文雜誌《瘦子》，都會在每年八月不遺餘力地為愛丁堡藝術節做深入的報導與評介。而前文所列已出版專刊的《衛報》與《藝文誌》，則是藝術節專刊與固定的愛丁堡藝術節專欄雙管齊下，讓讀者絲毫不會錯過任何資訊，且能獲得更深入的報導與專訪資訊。

刊名	價格	專訪	評論推薦	節目列表	折價券	出刊頻率
舞臺週報	1.5 英鎊	★	★	★		每週
藝文誌	2.5 英鎊	★	★	★	★	每兩週

輕鬆小撇步

有了資訊來源，也知道該從何處取得資訊後，如何篩選適合自己的資訊也是一門學問！畢竟資訊如此之多，每個評論媒體之屬性又各自不同，要迅速地挑出自己想看的展演並非一件容易的事，甚至有些人光是看到這麼多資訊就累了，甭提還要細看內容跟從中挑選了！這實在是相當可惜，豐富的資訊應是為了提供更多更有效的選擇機會，而不是讓閱聽者望而卻步，因此這裡提供一些小撇步，讓你能輕鬆有效率地享受愛丁堡藝術節的各種展演。

▶▼《舞臺週報》不遺餘力地為愛丁堡藝術節作深入報導評介

官網：http://www.thestage.co.uk/

Step 3　驚豔乎？踩雷否？

1 挑選較具藝文聲望的媒體

在整個愛丁堡藝術節期間，你會發現幾乎所有的媒體都有提供展演評論，面對滿坑滿谷的評論實在很難著手挑選。尤其是有些媒體評論是相當商業化的，若是因參考此種評論而去買票看展演，有可能你會選到不那麼滿意的作品。若要避免誤信過於偏頗的評論，最簡單的方法就是挑選別具聲望的媒體作為參考即可。前文所列的媒體都是屬於在愛丁堡藝術節中較具聲望的媒體，此外英國高知識份子閱讀的大報，如前文所列的《衛報》(*The Guardian*)，以及《觀察者報》(*The Observer*)、《泰晤士報》(*The Times*)、《財金時代》(*Financial Times*)……都是具有一定品質保證的評論。

2 只看獲得四顆星以上之表演

儘管各個媒體會有其不同的口味偏好，同一個表演在不同的媒體常會有不同的評價，也並不一定會符合個人的喜好，但是有個不變的定律：只要是專業度高、夠水準的展演，一般而言都不可能低於四顆星的評價，專業的評論對於表演本身的專業度、執行完成度都有一定的要求，當作品無法達到專業要求時，專業評論者是不可能給予四顆星以上的評價的，而通常四顆星跟五顆星的差異便是在於口味偏好以及美學要求的不同，因此直接挑選獲得四顆星以上評價的表演絕對可確保不會踩到地雷。

▶《藝術節雜誌》的內頁介紹

Cactus - The Seduction
☆☆☆☆☆

In a room not dissimilar to a lecture theatre, Jonno Katz begins his one-man show *Cactus - The Seduction* with an English lesson, or more accurately, a short course in New Zealand slang. "Rooting", "doubling" and "dinks" explained, the fun really begins when Katz unzips his shirt to become Phil, a man so desperate to find love he has followed his lonely heart into the desert – "where no one else is looking," he rationalises.

And so it goes, with Katz not only switching scenes at lightning speed with only his zipper guiding us in and out of locations, but also along the way switching characters within locations and switching characters within the memories and dreams of each of those previous characters. In short, *Cactus* is a lot to follow. But so skilled is the way in which Katz's transforms from man to other man to woman to insect that we are not left behind for a second.

Relentlessly, we are swept along on the wave of Katz infectious energy, getting laughs out of his unexpected eye-twitches and even his dancing in the memorable scene, 'I Just Can't Get Enough.

But for all the crowd-pleasing, a couple of the cruder sex gags fall flat and it is when the performance resorts to the smutty that it is at its weakest. Katz's charm lies instead in the moments of reflection that follow scenes of relived humiliation at the hands of prospective lovers and his musings on the greater philosophical significance of his efforts. [Mainga Bhima]

Assembly @ George Street, 6:50pm - 7:50pm, 5-29 Aug, not 16, 23, £5.00

Wil Hodgson - Punkanory
☆☆☆☆☆

I wasn't aware that Happy Meals came with free tattoos nowadays, but Wil Hodgson's arms suggest otherwise. The description on his flyer of "a deranged bricklayer that's wandered through a branch of Claire's Accessories" is pretty accurate, and once that startling pink hair and nail polish has gripped your attention, Hodgson manages to keep it almost unwaveringly for the next hour.

Just as Hodgson isn't your average bloke from Chippenham, *Punkanory* isn't your average standup. With his home town used for backdrop, this beer-bellied bard chronicles the banalities of small-town west-county life in a convoluted soliloquy, barely pausing for breath. The obsessive precision with which he recounts situations and events makes for a well-observed but quite dizzying show. And as a great deal of his material revolves around his various eccentricities of taste and the consequent difficulties of being "the only eccentric in the village", Hodgson does feel at times like a bit of a one-dress-Barbie.

But his ingenuity is in the way that his narrative circumstantial comedy and profound social commentary. An anecdote about fancying the Spice Girls masks a diatribe against the dehumanising of women by the media. His recounting of the time he met his tat-collecting match at the gnant reflection on mortality and legacy. Hodgson demands your attention, in more ways than one, but if you give it to him you'll be well rewarded. [Rebekah Robertson]

mainstream comics like Russell Brand or Noel Fielding (who directs this show). Foot's tendency to go off on daft tangents while discussing village-hall inanities is very much reminiscent of Brand's quirky domestic surrealism. However, there is much more of an anarchic edge about Foot's work, with a dangerous quality about him --as those who sit uncomfortably through his brilliant "homophobic shire-horse" section will be able to attest.

It should be pointed out that Foot might not be suited to the casual Fringe punter. However, for comedy fans, this set has to figure highly on the Fringe wish-list. [Ben Judge]

Underbelly, Cowgate, 7:40pm - 8:40pm, 5-29 Aug, not 16, £6.00

Step 3 　驚豔乎？踩雷乎？

3 了解各種主要獎項之屬性

愛丁堡藝術節期間，不只是有滿坑滿谷的媒體評論，連獎項都多到令人眼花撩亂。大大小小不同訴求、不同種類的獎多得不得了，其中絕大多數都是針對藝穗節所頒發的獎項，這些獎項常是觀眾購票前的重要參考資訊，因此為求有效率地決定想要購票的展演節目，就跟選擇媒體評論一樣，參考較具聲望的獎項自然有較高的品質保證，除此之外，更重要的還是要掌握這些主要獎項各自的屬性，否則，一個獎項再怎麼具代表意義，若是不符合你個人的喜好，終究還是會影響到你觀賞的樂趣。以下列出愛丁堡藝穗節的主要獎項及其訴求與特色：

獎項	類別	特色
[蘇格蘭人報之] 藝穗戲劇原創獎 The Scotsman Fringe First Awards	藝穗原創獎 (Fringe First Award)： 獎數不限，且每週公布得獎者，須是完全原創的全新作品，且必須是文學戲劇 (drama)。	範圍： 藝穗節文學戲劇作品，成立於 1970 年代，為愛丁堡藝術節中歷史最悠久、最受國際關注的獎項之一。 屬性： 鼓勵世界各地的藝術家帶著本身為原創劇本的作品到愛丁堡藝穗節首演。

		範圍：
[澳洲福斯特啤酒之] 愛丁堡喜劇獎 The Foster's Edinburgh Comedy Awards	**最佳喜劇表演** (Best Comedy Show)： 最新、最具原創性、最好笑的喜劇演出。	藝穗節，1981 年始，原贊助商為 Perrier，2011 年改為澳商福斯特啤酒。 **屬性：** 向有「喜劇界的奧斯卡」之稱，愛丁堡喜劇獎乃是喜劇圈中最重要的終極大獎，不僅是在英國享有盛名，對世界各地喜愛「相聲秀喜劇」的廣大觀眾而言，此獎項絕對具有相當高的代表性。
	最佳新人獎 (Best Newcomer)： 第一次上演整齣超過 50 分鐘演出的爆笑喜劇演員。	
	評審團大獎 (Panel Prize)： 2011 年新頒獎項，給予最能展現藝穗節喜劇精神的演出。	
總體劇場獎 Total Theatre Award	**新秀獎** (Emerging)	範圍： 藝穗節，始於 1987 年。 **屬性：** 授獎對象除了包含各式各樣的劇場表演外，還包括行動藝術 (live art)、特技表演 (circus)、街頭藝術 (street arts)、小酒館表演 (cabaret)、視覺性展演 (visual performance) 等，可說是涵納種類最廣的獎項，強調專業劇場的創新性、跨界域嘗試，以及劇場作為娛樂與啟發，並與觀眾溝通之精神。
	創新獎 (Innovation)	
	總體劇場特殊貢獻獎 (Significant Contribution to the Field of Total Theatre)	

Step 3　驚豔乎？踩雷否？

獎項	獎別	說明
[舞臺週報之] **演出卓越獎** The Stage Awards for Acting Excellence	**最佳男演員** (Best Actor)	**範圍：** 藝穗節，1995 年首屆。 **屬性：** 由專業劇場刊物《舞臺週報》的評論團隊選出，追求劇場專業的卓越度，獎勵在實驗劇場的艱困環境中依舊能掌握完美專業度的作品、演出團隊與個人。
	最佳女演員 (Best Actress)	
	最佳演出團體 (Best Ensemble)	
	最佳個人演出 (Best Solo Performance)	
[蘇格蘭銀行贊助之] **報信天使獎** The Bank of Scotland Herald Angel Awards	**報信天使長獎** (Herald Archangel)： 傑出獎	**範圍：** 首屆始於 1996 年，獲獎對象跨越愛丁堡藝術節中最主要的四大藝術節：藝穗節、國際藝術節、爵士藍調音樂節以及國際書展。 **屬性：** 獎勵各藝術節中呈現出創意、整體執行度、高專業度並兼顧演出場地品質的作品與藝術家。
	報信天使獎 (Herald Angel)： 優異獎	
	小惡魔獎 (Little Devil)： 克服萬難、堅持到底獎	
[凱洛譚柏之] **愛丁堡優異作品獎** Carol Tambor Best of Edinburgh Award	**愛丁堡優異作品獎** (Carol Tambor Best of Edinburgh Award)： 所有在《蘇格蘭人報》 (Scotsman) 的評論中獲得四星以上評價之表演皆可入圍，最後獲選者可獲邀至紐約進行首演並完全不需承擔任何費用。	**範圍：** 藝穗節，2004 年始。 **屬性：** 《蘇格蘭人報》的評論風格較溫和且正面，但不淪於保守封閉，因此能挖掘出許多深具實驗性的小型演出，最後獲獎者皆是令人驚豔的實驗劇場作品。

歡笑麋鹿喜劇獎 Amused Moose Comedy Awards	歡笑麋鹿爆笑獎 (Amused Moose Laugh Off)	**範圍：** 開放全英國的新秀喜劇演員競賽的獎項，始於 2004 年的「新秀甄選」競賽，後名為「爆笑獎」。 **屬性：** 由該年度一月起即在英國不定點舉辦一關接一關的淘汰賽，最後一輪的現場競賽即在愛丁堡藝穗節舉行並現場頒獎。獲獎者可獲得獎金外，還可獲邀至「歡笑麋鹿喜劇俱樂部」的倫敦本店現場演出，並可錄製發行個人 DVD。此獎在「相聲秀喜劇」界中相當具代表性，乃是激烈競爭與淘汰後所選出的喜劇新秀，挖掘出「相聲秀喜劇」的明日之星，也提供了許多新進的「相聲秀喜劇」演員曝光與成名的機會。
	歡笑麋鹿笑聲獎 (Amused Moose Laughter Awards)	**範圍：** 藝穗節，2011 年始。 **屬性：** 針對於藝穗節中演出的「相聲秀喜劇」，由這些已建立起個人喜劇聲譽但尚未獲得 DVD 發行機會的專業喜劇演員中選出佼佼者，獲得較少額的獎金，但同樣可獲邀至「歡笑麋鹿喜劇俱樂部」的倫敦本店現場演出，並可錄製發行個人 DVD。此獎旨在提攜已建立起成熟的個人喜劇風格之「相聲秀喜劇」演員，增進其成名的機會。

Step 3　驚豔乎？踩雷否？

馬侃哈弟喜劇獎 Malcolm Hardee Comedy Award	喜感原創性獎 (Comic Originality)	範圍： 藝穗節，2005 年始。 屬性： 馬侃哈弟為已故的知名喜劇演員，以無厘頭、亂無章法的喜劇效果聞名。此獎既是為了紀念他而產生，自也延續他的喜劇精神：特別強調此獎不遵循任何規範，只要是在藝穗節演出的都有可能入圍得獎！
	機靈花招獎 (Cunning Stunt)	
	最具票房潛力獎 (Act Most Likely to Make a Million Quid Award)	
藝穗節評論傑出劇場獎 Fringe Review Outstanding Theatre Awards	茶壺獎 (Teapot Award)： 給予獲得藝穗節評論中兩個以上的五星評價之作品	範圍： 藝穗節，成立於 2006 年。 屬性： 這是由囊括英國、荷蘭、澳洲三地的藝穗節劇場評論網站「藝穗節評論網」所贈與的獎項，因此相較於其他媒體，能較不受觀眾喜好與商業娛樂性之左右，而對充滿實驗性與創新的製作有更多的關注與賞識。
	未被發掘的寶石獎 (Hidden Gem Award)： 給予表現傑出但未受到媒體或觀眾賞識的表演者或團體。	
英國音樂劇場獎 UK Musical Theatre Matters Award	最佳製作獎 (Best Production)	範圍： 藝穗節，始於 2007 年。 屬性： 特別針對音樂劇的獎項，用以鼓勵年輕一代的音樂劇藝術家與從業人員。
	最佳選書獎 (Best Book)	
	最佳音樂獎 (Best Music)	
	最佳歌詞獎 (Best Lyrics)	
	最佳新創音樂劇 (Best New Musical)	
	評審團特別獎 (Judges Discretionary Awards)	

[百老匯寶貝評論網之]
巴比獎
The Bobby's by
Broadway Baby

巴比獎
(The Bobby)：
超出五星級的六顆星傑出表
演，獎數不定，甚至可能從
缺！ 唯有在百老匯寶貝評論
網上獲得五星評價的作品才
能入圍， 再經由評審團的深
度討論並與往年最優秀的作
品進行比較後， 始遴選出最
後獲獎者。

範圍：
藝穗節，2011 年創始。
屬性：
兼顧娛樂與專業的製作。

Step 3　驚豔乎？踩雷否？

Step 4 精打細算實用攻略

——購票 & 交通食宿小撇步

要參與愛丁堡藝術節,首先當然就是要買票。購買愛丁堡藝術節中各式藝文活動的觀賞票券,不外乎就是到該藝術節網站或是展演場地之專屬網站及現場購買。但既然愛丁堡藝術節有著上千場的表演同時進行,琳瑯滿目的藝文節目必然競相爭取著觀眾與遊客的注意,表演藝術家們為了在如此激烈競逐的藝術盛會中增進票房收入與名聲,當然也就得推出各式減價及贈送的促銷宣傳手法。

另一方面,愛丁堡藝術節既然享有「世界最大藝術節」之稱號,其所吸引的大規模人潮自是可以想見,而這意味著交通票券以及旅店價格的高漲與一宿難求,也影響其他周邊的服務品質與價格。接下來,我們就要一一介紹能在愛丁堡藝術節中既兼顧荷包又能盡情享受藝文娛樂的省錢方法,提供讀者一些簡單但重要的小撇步,讓大家能避免不必要的等待與耽擱,結合悠閒愜意的在地觀光,物超所值地得到最完美的藝術節體驗!

Step 4

聰明購票省最大

何處購票：各藝術節網站與總部、展演劇院網站、半價票亭、劇院現場購票
何時購票：六月中至愛丁堡藝術節結束

1 學生、殘障、敬老優惠票 Student, the disabled and the elder concessions

在英國，學生、殘障人士及年長者在食衣住行等生活各方面都能享有相當的優惠，通常這三種身分所享有的折扣都相距不遠，有時折扣高達 5 折，只有在某些情況下學生並不總是能獲得折扣的機會，但可以肯定的是，在英國擁有學生身分所能享有的藝文折扣相當可觀，像是位於英國倫敦柯芬園 (Covent Garden) 首屈一指的皇家歌劇院 (Royal Opera House)，若你運氣非常好地得到了學生補位的優惠票 (student stand-by tickets)，你只需要花費 10 英鎊就可享受高達 295 英鎊的首選座位！所以，若你沒有英國當地學生證（若是在英國就讀的大學生，使用「全國學生證」NUS Card 會比較方便），最好能申辦一張國際學生證 (International Student Identity Card，簡稱 ISIC)，區區新臺幣 300 元能為你帶來的優惠絕對不只是「物超所值」所能形容的！在整個愛丁堡藝術節中，票價較高的「愛丁堡國際藝術節」同樣有學生優惠，尤其是 2011 年更推出僅 8 英鎊的學生限量優惠，造福了許多經濟拮据的窮學生們。而愛丁堡藝穗節所能享有的折扣，大約是一張原價 10 至 20 英鎊的票可以享有 2 至 3 英鎊的折扣，超過 20 英鎊的票折扣可能高達 5 英鎊，而 10 英鎊以下的折扣則為 1 至 2 英鎊，幾乎所有的愛丁堡藝穗節的節目都有提供學生、殘障人士及年長者的折扣優惠，所以出發前往愛丁堡藝術節前可千萬別忘了隨身攜帶相關證件。

2 買一送一 2 for 1

這等於是五折優惠，雖然是專屬於「愛丁堡藝穗節」的優惠，但卻是任何人都可享有的！每年「愛丁堡藝穗節」正式開始的首週，會有兩天是屬於買一送一優惠日，每年日期不定，但通常是藝穗節開始後的第一個星期一跟星期二，在這兩天內，大部分的藝穗節節目都有買一送一的購票優惠，讓你跟同伴享有半價的超值優惠。或許你會遲疑，如果你是喜歡單獨觀賞表演的獨行俠呢？其實大可不用擔心，通常你都可以在該劇院排隊買票的隊伍中找到跟你一樣是單獨來看同一場表演的人，對方當然也會同樣地樂意跟你一起享有半價優惠囉！

3 預演優惠 Preview Discounts

同樣也是「愛丁堡藝穗節」專有，最高可達半價優惠，在藝穗節於週末正式開始前，部分演出團體會有一到三天的預演作為接下來正式演出前的暖身及廣告，由於這些來自世界各地的演出團體剛開始對場地、演出環境……等等都還不夠熟悉，難免容易出狀況，所以某方面來說，這是以推出特價票來彌補可能發生的生澀與失誤。藉由預演作為一種暖身是表演藝術中常見的方式，此外也可經由預演來建立口碑，並讓媒體藝評提早為該演出製作撰寫評論，進而增加該演出的媒體曝光率。一般而言，有一定經驗的表演團體在預演中產生明顯失誤的機率並不高，所以購買預演半價票仍舊是個省錢又不致破壞娛樂品質的好方法。

半價票亭 Half-Price Hut

這是「愛丁堡藝穗節」近幾年推出的服務，地點可能因每年的狀況不同而有所改變，但必定會在便利且熱鬧的地方，像幾年前半價票亭就設在愛丁堡瓦佛力車站 (Edinburgh Waverley Station) 的旁邊、車水馬龍熱鬧無比的王子街上，緊鄰著「藝穗節電子票務帳篷」(Fringe E-Ticket Tent)，非常便利。而 2011 年則是設在原地點往西約 200 公尺的熱門遊覽地區「觀景丘」(The Mound) 上，同樣就在王子街上，旁邊還有國家藝廊，並且還有著開闊的廣場空間讓遊客們可從容地挑選中意的半價票券，甚至不時還有著街頭表演提供輕鬆可及的娛樂。如果你在「半價票亭」的電子告示牌上沒看到你想觀賞的演出，就可以直接走幾步到隔壁的「藝穗節電子票務帳篷」進行網路購票。一般來說，會在半價票亭告示牌上出現的多半是票房欠佳的演出，為了增進票房所做的犧牲特賣。但是，這也不是定律！有些時候會出現一些票房頗佳的表演，為了進一步引起熱潮而推出的限量半價特賣，通常這一類的促銷會提前在網站、報紙等媒體及該演出劇院公告，所以稍微注意媒體及網站上的廣告也是個小撇步。值得一提的是，雖然很多時候票房欠佳的演出的確也是製作欠佳的作品，但這當然不是絕對的囉！畢竟喜好因人而異，當時票房欠佳的作品也不一定是不好的作品，有可能只是反映當時的觀眾口味罷了，也有可能只是該演出團體欠缺適當的宣傳，所以可千萬不要以偏概全地拒絕嘗試半價票亭所列出的作品，還是要以個人對該演出內容的興趣高低來決定才不致錯失一場美好的觀賞經驗！

5 折價券：傳單、報紙、雜誌……等
Coupons: flyers, newspapers, magazines...etc.

「愛丁堡藝穗節」 期間 ， 當你走在藝穗節總部所在、 也是藝穗節街頭展演中心的大街 (High Street) 上，絕對會有看不完的即興表演、數不盡的宣傳人員及無法計數的傳單、DM 和各式廣告爭相搶奪你的注意力，此時可千萬別隨手將大量湧來的傳單丟棄在一旁，除了 會造成街頭髒亂之外，你也可能正親手放棄了划算的折扣優惠！此外，在愛丁堡各處：公 車、商家、咖啡店、劇院、演出場地、各式展覽場所……等所提供的藝術節主題之免費報 紙及雜誌，也是獲得額外折扣優惠的重要來源，千萬別白白放棄了可輕易到手的折扣喔！

非週末場次

這是「愛丁堡藝穗節」所獨有的價格策略，即星期一到星期四的場次會比週末的場次來得略為便宜，一般而言是 1 到 1.5 英鎊的價差，大約是 10% 的折扣。儘管在整個愛丁堡藝術節期間，愛丁堡都是滿滿的遊客，但到了週末，從星期五開始愛丁堡便會湧入更多的歐洲及英國本地觀光客，人潮洶湧到可說是水洩不通，當然在這種時候，票價設定方面就無須跟遊客們客氣啦！週一到週四的小減價算是一種分散觀眾至各場次以避免因座位有限而減少票房收入的策略，也可以讓演出及觀賞的品質不致因過度擁擠而受影響。

加入網路會員

許多劇院網站都有會員制，一般而言都是免費加入的，主要是讓常客能定期獲得最新的演出訊息，當然也就會有不定期的折扣優惠，但可惜的是，大致說來頻率不高。另外，如果你是對藝文活動有高度興趣與參與度的觀眾，也可考慮加入需要付費的會員制。既是需要付費的會員，所享有的折扣及額外的藝文活動經驗便是較為難得的。例如：藝穗節之友 (Friends of the Fringe)，便提供了超過 100 場表演的買一送一優惠、優先訂票權益、獲邀參加開幕派對以及免費寄送藝穗節節目手冊的禮遇……。

8 提早購票

有些藝文節目會推出所謂的早鳥優惠 (Early Bird Discount)，自然也是一種精算荷包的方式；另外，有些節目會提供限量的優惠票，所以提早訂票有時也能夠得到物超所值的優惠，不過這在愛丁堡藝術節的所有藝文活動中出現的機率並不高。儘管如此，提早購票還是有一些重要的優點：一是為免向隅，二則為獲得較好的座位與視野。這兩項優點主要是出現在一些非常熱門、極度受歡迎的節目，像是愛丁堡皇家軍樂節，其熱門搶票的程度是若非前一年 12 月前即上網購票，有可能連昂貴的黃牛票都完全買不到的！所以，儘管整個藝術節期間藝文活動多到不可思議，但還是會出現有些節目一票難求的情形，如果你不想錯過藝術節中最受矚目與喝采的作品，一定要提早購票，免得買不到票或是買到視野較差的座位而影響觀賞品質。

▲▲藝文售票總部

航　空

愛丁堡機場雖然不算是國際大機場，但涵蓋的航線相當多，可飛往歐洲及英國國內各中大型城市，亦可飛往紐約，而在此機場通關也不會格外耗時，因此相當多人選擇搭乘飛機前往愛丁堡。由倫敦飛來愛丁堡只需 1 小時 15 分，由巴黎出發則僅需 2 小時，可說相當便捷。更方便的是，由愛丁堡機場到市中心只需不到 25 分鐘的車程，機場到市區間的接駁公車 Airlink 100 班次相當多，每 10 到 15 分鐘就一班車，來回票 6 英鎊，回程效期長達一個月。英國及歐洲的許多航空公司都有提早預訂的特價優惠，愈早預訂愈容易買到極為划算的機票，有時票價甚至低達 10 英鎊，因此不妨提早規劃預訂，常會有意想不到的低廉優惠。以下列出英國國內飛愛丁堡線的航空公司：

■英國航空 British Airways： www.britishairways.com
■英倫航空 British Midland Airways (BMI)： www.flybmi.com
■城市噴射機航空 CityJet： www.cityjet.com
■易捷航空 Easy Jet Airline： www.easyjet.com

▲易捷航空官網　　▲城市噴射機航空官網　　▲英倫航空官網　　▲英國航空官網

Step 4　精打細算實用攻略

2 鐵路

搭乘火車由英國國內進入愛丁堡是非常受歡迎的方式，除了可以欣賞路途中濃厚的英國鄉間風光以及東部沿岸的美麗景色之外，更由於愛丁堡最主要的瓦佛力車站就在愛丁堡市中心最方便也最熱鬧的王子街上，即使需要轉搭公車前往飯店，王子街一帶便是幾乎所有公車必經之地，四通八達非常方便。相較於搭乘飛機到愛丁堡，這省卻了進入市中心所需的轉運接駁時間，因此許多從英國本島，亦即英格蘭及蘇格蘭地區前往愛丁堡的遊客偏好搭乘火車前往。此外，搭乘火車還有一項好處：定點來回票只比單程票多 1 到 2 英鎊而已，因此對於同一地點來回的旅客，這是相當划算的；而若是當天來回的車票，又會更加的優惠便宜。需要留意的是，建議盡量不要在週末搭乘長途火車，由於週末常常會有鐵路維修工程進行，有時可能不會提前通知，若是碰到維修或施工，整個行車過程的變數會增多，甚至會臨時需要換車，或是改走別的路線，運氣最不好的狀況下，最後整個通車時間可能會增加一倍以上！若是平日 (weekdays) 搭乘火車，無論長短程，則基本上相當可靠，但若是從英格蘭中南部的大城市欲前往愛丁堡，則還是要看自己是否喜歡長途久坐的旅程，從北英格蘭的曼徹斯特到愛丁堡約 3.5 小時，中英格蘭的伯明罕則需長達 5 個小時，而從倫敦沿著較便捷的東海岸線前往也需要 4.5 到 5 個小時，而在英國鐵路票價並不一定比機票便宜的狀況下，還是要考慮較適合個人偏好與狀況的交通方式，才能玩得更舒適自在。特別要注意的是：提前購票所獲得的優惠價差相當的大，若是想獲得划算的價錢，愈早上網訂票愈有機會獲得物超所值的優惠！

鐵路訂票網站：

■ 火車路線網 The Train Line： www.thetrainline.com

■ 蘇格蘭鐵路網 Scot Rail： www.scotrail.co.uk

■ 東岸鐵路網 East Coast： www.eastcoast.co.uk

■ 跨國鐵路網 Cross Country： www.crosscountrytrains.co.uk

▲月臺列車資訊　　▲旅遊諮詢中心

▲火車售票中心

▲清楚的方向指標

◀愛丁堡市區的大眾運輸路線四通八達 (ShutterStock)

客運

眾多前往愛丁堡的大眾交通工具中，搭乘客運是最廉價的，當然相對地也非常耗時且因路況之不穩定而增加許多變數。然而這仍是許多背包客、學生以及預算有限卻行程不定的遊客的最愛，畢竟其臨櫃票價真的是跟飛機與火車有著天壤之別，最高可相差 270 英鎊。但若真要便宜的票價，依舊是需要提早預訂，著名的「百萬客運」就是靠著低達 1 英鎊的促銷優惠迅速竄起，成為英國最受歡迎的客運公司之一。此外，若是從蘇格蘭臨近地區前往愛丁堡，「蘇格蘭城市通運」提供了通往蘇格蘭各地的路線，也是相當實惠的選擇。而愛丁堡的客運總站也距離最熱鬧的瓦佛力車站一帶很近，位置上相當方便。

■全國客運 National Express： www.nationalexpress.com

■百萬客運 Mega Bus： www.megabus.com

■蘇格蘭城市通運 Scottish Citylink： www.citylink.co.uk

■旅遊路線網 Travel Line： www.travelinescotland.com

4 市區大眾運輸

A. 公車

在電車 (tram) 興建完成前，公車是愛丁堡市區內唯一的大眾運輸系統，王子街上的公車路線四通八達，可前往所有遊客可能前往的地點，可至公車網站下載完整的愛丁堡公車路線圖。提供市內交通路線的公司有兩家：當地的「羅西安巴士」(Lothian Bus) 以及全國連鎖的「首要巴士」(First Bus)，各自擁有不同路線，但共同使用公車站牌。車票可在公車上直接跟司機購買，可找零，但大鈔除外，日間單程票價 1.3 英鎊，一日無限搭乘車票 (day ticket) 3.2 英鎊，搭乘夜間巴士 (nightbus) 則不適用，夜間單程一律 3 英鎊。

■羅西安巴士網：www.lothianbuses.com/
■首要巴士網：www.firstgroup.com

B. 計程車

在英國規模較小的城市或鄉間，計程車只能用電話叫車，但在愛丁堡當然不用擔心，這可是蘇格蘭第一大城啊！計程車可沿路招攬、可至計程車招呼站搭乘，亦可打電話到計程車公司叫車，但會另外索取 60 便士（0.6 英鎊）的費用。日間費用從 1.5 英鎊起算，過 340 碼（311 公尺）之後每 240 碼（219 公尺）增加 25 便士；夜間則是以 2.5 英鎊起算。一般而言，短程不需給小費，而較長程之路途，則大約給個 50 便士。

■首都計程車 Capital Taxis：(0131) 228-2555
■中央電臺計程車 Central Radio Taxis：
　(0131) 229-2468
■城市計程車 City Cabs：(0131) 228-1211
■電臺計程車 Radiocabs：(0131) 225-9000

▶愛丁堡的觀光巴士 (ShutterStock)

Step 4　精打細算實用攻略

食：一口咬住愛丁堡

在愛丁堡藝術節期間，整個愛丁堡市區內熱鬧非凡、令人雀躍嚮往，但到了用餐時間便常因擁擠客滿而令人蹙眉了。再加上對於並非熟門熟路的遊客來說，面對滿街的餐廳、食堂，常不知從何選擇，也擔心誤踩地雷，留下不好的經驗，最後常是從簡而選擇了在臺灣便四處可見的連鎖速食店，主要因為對其食物的選擇較熟悉以及其相對而言較平價之故。然而，在英國速食店的餐點跟其他平價食物相較，其實不見得較划算，品質也未必如預期，因此倒不如捨棄連鎖速食店，多試試其他的選擇，不但較能品嘗到當地的美味，更能為整個旅程增添不同的體驗。當然，語言與文化的不熟稔常是遊客用餐時遇到地雷的最大原因，其實，只要記得一些小小的技巧與資訊，想在藝術節期間享用舒適的用餐時刻也會是相當容易的！一般來說，若要享用舒適且熱騰騰的餐點，各式餐館與小食店用餐是必然的選擇，但是可別忘了，八月的愛丁堡常是風光明媚的清涼夏日，因此，戶外草地與花園中的悠哉野餐也是非常受歡迎的方式。這個章節將概分〈餐廳用餐〉與〈戶外野餐〉兩部分，分別介紹何處覓食、用餐地點的選擇以及實用資訊與技巧，讓你在藝術節期間，無論是偏好室內舒適的用餐環境、或是戶外風光明媚的悠閒用餐時刻，都能留下愉快的回憶。

◀Greyfriars Bobby's Bar 以愛丁堡著名的忠犬 Bobby 為名吸引觀光客駐足

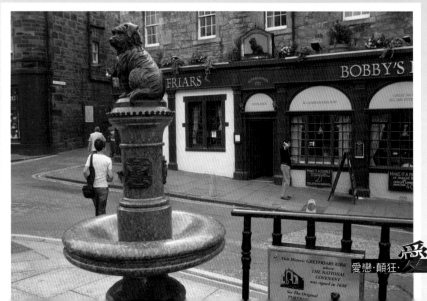

愛戀·顛狂·愛丁堡

▼科學怪人酒吧餐廳 (Frankenstein Pub) 的看板與角落一景　▶連鎖的法式餐廳

▶英國連鎖輕食店

▲英國代表食物：炸魚薯條

室內篇：餐廳用餐不煩惱……

▲愛丁堡著名的法式餐廳

1 美食評鑑老饕愛

愛丁堡作為蘇格蘭的首都又是文化大城，美食餐廳絕對是不缺的！儘管愛丁堡規模不算大，無法跟倫敦這種大城市比，但其餐廳的種類與選擇也相當豐富，尤其是蘇格蘭道地美饌的選擇自是比其他城市都要豐富，若是錯過了豈不可惜?!有許多網站與雜誌皆會介紹愛丁堡的美食餐廳，最著名的要屬《藝文誌》(*The List*) 雜誌，這個愛丁堡當地重要的藝文雙週刊，每年固定會出《美食推薦導覽特刊：愛丁堡 & 格拉斯哥》(*Edinburgh & Glasgow's Eating & Drink Guide*)。許多跨國界的媒體與網站也都會提供愛丁堡當地的美食餐廳推薦，其角度與選擇自是與《藝文誌》的蘇格蘭在地口味不太相同，但也會是不錯的參考，像是知名的 *Time Out* 雜誌。另外，「愛丁堡餐廳聯盟」(Edinburgh Restaurant Association) 的網站也提供了相當豐富的資訊。總之，若想在愛丁堡藝術節期間好好享用一頓視覺與服務並重的精緻美食，只要稍稍參考一下這些較具公信力的美食評鑑，挑選自己偏好的口味，必然不會讓你失望！

◀▼各種美食評鑑網站都提供了豐富的餐飲資訊

▶愛丁堡極受歡迎的法國餐廳「小巴黎」(Petit Paris)

愛戀・顛狂・愛丁堡

Step 4　精打細算實用攻略

▲左上為科學怪人酒吧大門，右上為梨樹酒吧，下方為人氣旺盛的酒吧餐廳

2　PUB 用餐不奇怪

不同於臺灣的 Pub，在英國，Pub 其實常是從中午開門即開始供應餐點及各式飲料的當地酒肆。到 Pub 用餐的好處，除了隨興自在的氛圍環境之外，主要是到 Pub 用餐的客人大多不致久坐，因此在藝術節期間，對於想要隨時能就近稍作休憩並享用熱食的人來說，在 Pub 用餐會是不錯的選擇。此外，輕鬆悠閒的飲酒環境雖是 Pub 最重要的訴求，但若你因此以為 Pub 都只重酒飲而不重美食，那就大錯特錯了，因為有許多英國 Pub 甚至是以美食聞名的！雖然這不保證每間 Pub 都一定提供讓老饕滿意的美食，而各家的口味與選擇多寡皆各異，但一般有供餐的 Pub 都會提供英國招牌小吃炸魚薯條，以及千層麵、義大利肉醬麵、漢堡、墨西哥豆泥飯與玉米脆餅……令人無法抗拒的熱騰騰平價美食，有些 Pub 還會供應當地特有的小吃，以愛丁堡而言，蘇格蘭當地著名的家常食物如：羊雜碎 (haggies)、黑肉腸 (black pudding)，都常是當地 Pub 的招牌菜。

▲炸魚薯條是英式 Pub 的招牌餐點

▲蘇格蘭著名的特色餐點：羊雜碎

Step 4　精打細算實用攻略

輕食 CAFÉ 樂逍遙

在愛丁堡藝術節期間，穿梭於各式不同展演之間的空檔，不妨找間舒適的咖啡館或甜品茶屋，稍稍將藝術節的熱鬧喧囂置於一旁，自在放鬆地享受簡單的輕食與飲品，一方面可稍稍緩解趕場間的飢餓，另一方面也會意外地發現一些可愛的、別具風格的小店。沿著與皇家大道垂直的南橋 (South Bridge) 及尼可森街 (Nicolson Street)，沿途有不少當地著名的咖啡館與甜品小店，像是在獵人廣場 (Hunter Square) 旁以巧克力飲品、奶昔而深受歡迎的「巧克力湯」(Chocolate Soup)，在愛丁堡節慶劇院 (Edinburgh Festival Theatre) 附近、黑井書店 (Blackwell Bookstore) 旁的「黑藥咖啡」(Black Medicine Coffee)，因《哈利波特》作者 J. K. 羅琳 (J. K. Rowling) 於內完成巨著而聞名的大象屋餐廳 (Elephant House) 及其分店「大象貝果」(Elephants and Bagels) 咖啡店，在尼可森廣場 (Nicolson Square) 轉個彎到愛丁堡大學對面，就可看到舒適悠閒的「童言囈語」(Double Dutch) 地中海小館，以及在尼可森街上、TESCO 超市對面的著名藝文咖啡館「豆景音樂咖啡」(Beanscene Coffee & Music House) 本店（此店常有藝文表演且提供各式較邊緣另類的藝文資訊）。此外，有些藝穗節展演場地所附設的咖啡店或酒吧也常是別具風格的舒適角落，像是藝聚劇院羅克西分部 (Assembly Roxy) 樓下附設的舒活酒吧 (The Snug)，就是個充滿風格且別具藝文氛圍的舒適角落。在蘇格蘭國家博物館 (National Museum of Scotland) 一帶，也有些不錯的選擇，較著名的是充滿搖滾與嬉皮風格的非營利慈善咖啡館「森林咖啡」(Forest Café)，從早到晚供應三明治、沙拉等輕食及咖啡、茶等各式飲品，到了晚上還有現場搖滾音樂會，是個充滿年輕叛逆氣息且深具社會關懷的另類咖啡館。不過，「森林咖啡」在本書付梓前仍因屋主的產權問題而處於暫停營業狀態，未來是否能在原址恢復營業，猶未可知。

◀大象貝果咖啡店

森林咖啡大門

BLACK MEDICINE COFFEE CO.

Hot & Cold Food

Sit in or Take away

Hot & Cold Drinks

▲森林咖啡一角　　　　　　　　▲黑藥咖啡

BEANSCENE
COFFEE & MUSIC HOUSE

THINK TALK　LIVE COFFEE

99

▲豆景音樂咖啡

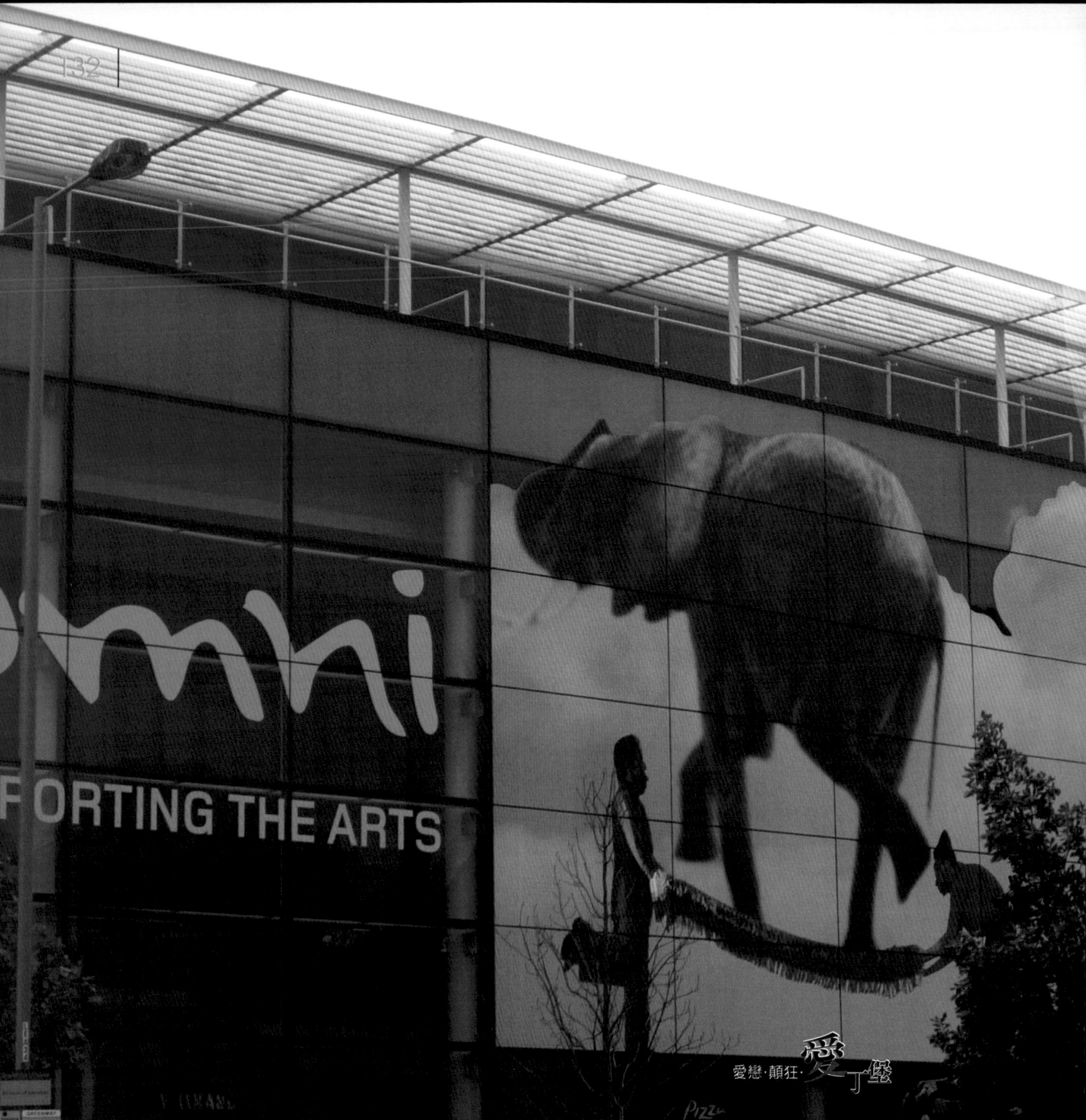
omni
ORTING THE ARTS

一網打盡美食街

美食街 (Food Hall) 向來是方便又能提供多樣選擇的用餐地點，通常是位於電影院、購物中心或百貨公司的特定樓層，讓消費者休閒之餘也可非常方便地得到口腹慾望上的滿足！一般美食街內的商家多為連鎖店、餐廳與速食店，也許稱不上是美食老饕會強力推薦的選擇，但也有一定的品質。有些美食街的用餐環境相當舒適，甚至若是高級百貨公司的美食街，舒適之外更常會有令人意外的美味驚喜，不過這當然也會反映在價位上囉！美食街當然人潮不少，但由於到美食街用餐的食客們就像 Pub 的食客般，通常不會久坐閒聊，並且座位通常相當多，因此要覓得一處座位並非難事，再加上食物的選擇種類豐富，是相當適合遊客就近用餐的地方。愛丁堡幾個受歡迎的美食街有：緊鄰著火車站、盡享地利之便的「王子購物中心」(Princes Mall)；火車站往北步行 5 分鐘、位於利斯大道 (Leith Walk) 上的「聖詹姆士購物中心」(St. James Shopping Centre) 以及其斜對面的大型影城「萬象娛樂中心」(Omni Centre)；此外，就在利斯大道盡頭、緊鄰愛丁堡北邊海岸的「海港購物中心」(Ocean Terminal Shopping Centre)，其舒適的用餐與購物環境，再加上臨海的美麗景致，也是深受當地人青睞的休閒去處。

◀萬象娛樂中心裡有選擇多樣的美食街

用餐小撇步

1. 避開用餐時間

一般而言，用餐尖峰時間介於中午 12 點到下午 2 點間，以及晚上 7 點到 9 點之間，所以對於習慣於 5、6 點即開始用餐的華人來說，在愛丁堡藝術節期間這絕對是個方便的優點。通常只要在中午 12 點及晚上 7 點前進入餐廳，就算是在人潮洶湧的愛丁堡藝術節期間也是不難覓得用餐座位的，除非是非常熱門的美食餐廳，有可能因未事先訂位而向隅。當然，如果你偏好在中式餐館用餐，那恐怕就得再更提早些進入餐廳用餐了，畢竟華人觀光客雖是愛丁堡藝術節中的少數，卻也是有著可觀的數量，足以讓愛丁堡鬧區內所有的中式餐廳餐餐客滿的！

2. 偏離人潮聚集區

若想要安靜地、遠離嘈雜地好好享用一頓餐點，除了走進最高檔昂貴的餐廳可以享有這種特權之外，最好的方法當然就是遠離人潮大量聚集之地。在愛丁堡藝術節期間，最擁擠的區域以平日就極為熱鬧的皇家大道與王子街 (Princes Street) 為中心，往北到皇后街 (Queen Street)，西邊以羅西安路 (Lothian Road) 為界，東邊則從聖十字皇宮 (Holyrood Palace) 往南至娛樂公園劇院 (Pleasance Courtyard)，往西聚集至尼可森街 (Nicolson Street)；南界則由西邊沿著布萊德街 (Bread Street) 往東接草地市集廣場 (Grassmarket) 至牛欄路 (Cowgate) 時往南延伸，經過包含多個藝穗節熱門劇院的愛丁堡大學校區，直到草原公園 (The Meadows) 為止。一旦越過了這些區域邊界，人潮便非常明顯地減少，不僅可馬上感受到些許愛丁堡平日所擁有的靜謐與生活步調，重要的是，在這些稍離喧囂之處用餐，大抵不需擔心餐廳客滿的問題！

愛戀·顛狂·愛丁堡

3. 參考美食評鑑刊物與網站

舉凡餐廳、Pub、酒吧、Café，都在美食評鑑的範疇內，因此無論你是想享用安靜優雅的精緻美饌，還是想品嘗令人驚豔的異國風情，或者，若你想徹頭徹尾感受愛丁堡的度假狂歡氣息，置身於歡愉隨性的酒吧、Pub，以及悠閒舒適的 Café 與甜品小店，稍稍翻閱或上網搜尋愛丁堡美食評鑑，絕對能提供你各式各樣的選擇，並且還常有機會獲得額外折扣的優惠！網站的選擇非常多，此處列出幾個受歡迎的美食與藝文評鑑以及訂位網站以供參考：

■藝文誌：http://www.list.co.uk/

■藝術節專刊：http://www.festmag.co.uk/

■Time Out 旅遊指南：http://www.timeout.com/edinburgh/

■Qype 生活娛樂評論網站：http://www.qype.co.uk/edinburgh/

■Top Table 餐廳預訂網站：http://www.toptable.com/

■愛丁堡 Pub 指南：http://www.edinburgh-pubs.co.uk/

■愛丁堡餐廳資訊網站：http://www.edinburghrestaurants.co.uk/

■愛丁堡生活娛樂指南：http://www.edinburghguide.com/

▲愛丁堡 Pub 指南

▲藝術節專刊

▲Qype 生活娛樂評論網站

▲Top Table 餐廳訂位網站

戶外篇：夏日野餐好所在……

1 飽覽美景的野餐好去處

A. 王子街花園 (Princes Street Gardens)

許久以前，這片廣大美麗的市區花園曾是個管制嚴格、不讓大眾進入的私人領域，就像今日位於皇后街 (Queen Street) 上的「皇后花園」(Queen's Gardens) 般，至今仍只有一年少數幾次開放給大眾參觀，其餘時節都是大門深鎖的美麗祕境。但是，王子街花園現在已是個一年四季都開放給大眾休憩漫步的重要市區綠地，據說是因為當年王子街花園的管理人不小心遺失了鑰匙，使得王子街花園頓時出現了許多前來一探這美麗花園景致的一般大眾且無法抑止，此後便索性正式開放了。現在的王子街花園，不僅是遊客與當地民眾絡繹不絕的大眾花園，更是一年四季充滿藝文活動的重要據點，最著名的慶典活動要屬每年耶誕前夕的耶誕市集、纜車與遊樂場，以及新年除夕的大規模瘋狂花園派對。而藝術節期間，王子街花園中的「羅思戶外劇場」更是藝穗節的表演場地之一。此外，花園中還有世界最古老的花鐘 (Floral Clock)、著名的玫瑰噴泉 (Rose Fountain)、皇家蘇格蘭軍紀念雕像 (The Royal Scots) 、挪威紀念巨石 (Norwegian Boulder) ， 以及由蘇格蘭裔美國人建立的雕座 (Scottish-American War Memorial) 以紀念在一次大戰中犧牲的蘇格蘭人 。 王子街花園占地廣大又享有地利之便，是個熱鬧、充滿活力、卻依舊充滿閒適氣息的美麗綠地，在此享受夏日悠閒的野餐，會讓你連用餐都能被藝術節的歡樂氣息所包圍！

▶花園中著名的玫瑰噴泉 (ShutterStock)

Step 4　精打細算實用攻略

愛戀·顛狂·愛丁堡

B. 深谷村落 (Dean Village)

這是個愛丁堡市區中的世外桃源！就在最熱鬧的王子街西邊步行五分鐘之處，這是貫穿愛丁堡的城河利斯河 (Water of Leith) 沿岸最美的村落，你會不敢相信，就在愛丁堡城裡最熱鬧的區域邊緣，僅僅咫尺之遙，竟然有著這樣美麗而寧靜的河邊景致。這不是大片野餐綠地，卻是能讓你在河岸步道牆垣邊聆聽著涓涓水流的自然聲響、欣賞著翠綠深谷的景致，遠離愛丁堡藝術節的塵囂，享受著你的餐點以及藝術節期間難得的寧靜！

◀深谷村落像是世外桃源般地存在於愛丁堡鬧區的邊緣地帶 (ShutterStock)

C. 聖十字公園 (Holyrood Park)

這是位於觀光客必訪的聖十字皇宮 (Holyrood Palace) 南邊的廣大山野。不僅有大片綠地可漫步其中,更是可健行、爬山的好地方,整個聖十字公園內有可居高眺望的亞瑟王座山 (Arthur's Seat)、靜謐且有著白天鵝群悠游其上的聖瑪格莉特湖 (St. Margaret Loch)、沙里斯貝瑞岩群 (Salisbury Crags)、森桑肋骨岩 (Samson's Ribs) 及獵人濕地 (Hunter's Bog)⋯⋯各種自然景致。若是在享用悠閒的野餐後,想活動一下筋骨,或是想居高臨下欣賞愛丁堡的優美風光,聖十字公園是最好的選擇!

▼靜謐優雅的聖瑪格莉特湖 (ShutterStock)

▲聖十字公園是藝術節遊行隊伍的必經之處 (ShutterStock)　▲沙里斯貝瑞岩群 (ShutterStock)　　▲雲霧中的亞瑟王座山 (ShutterStock)

▼由亞瑟王座山遠眺愛丁堡市區 (ShutterStock)

Step 4　精打細算實用攻略

D. 卡頓丘 (Calton Hill)

這是愛丁堡著名的地標，到處都可看到以卡頓丘為主景的愛丁堡明信片，其居高臨下的古老建築，搭配上美麗的日出與多彩的黃昏天色，自是一番無法取代的美景。遊客們一到愛丁堡，馬上就能看到的地標，除了愛丁堡古堡 (Edinburgh Castle) 外，就是卡頓丘了！不只是因為它地處高位，更是因為它就在王子街上的瓦佛力火車站東邊，從這個愛丁堡最熱鬧的區域東邊一條蜿蜒小路步行而上即可到達。這是個具有歷史意義的地標，也是重要的文化慶典活動地，最著名的要屬每年四月以祭儀劇場表演為主、吸引了大批觀眾參與並與之互動的炬火節慶典 (Belfane Fire Festival)。在藝術節期間，卡頓丘雖不是展演場地，但絕對是遊客絡繹不絕的觀光勝地，若想由高處眺望愛丁堡城的景致，又不想走到較遠的聖十字公園，卡頓丘是最好的選擇，在此享用輕便的野餐美食當然是方便又可享受美景的好選擇。

▼卡頓丘是愛丁堡著名的地標 (ShutterStock)

愛戀·顛狂·丁堡

▲由卡頓丘眺望愛丁堡的美景 (ShutterStock)

◀以彩虹為背景的草原
公園 (ShutterStock)

◀當地居民在草原公園
裡享受閒適自在的好時
光 (ShutterStock)

E. 草原公園 (The Meadows)

草原公園在愛丁堡藝術節最熱鬧的區域南緣，北邊鄰接著藝穗節的重要據點之一愛丁堡大學主校區，因為這裡的布里斯托廣場 (Bristol Square) 與喬治廣場 (George Square) 讓幾個藝穗節著名的展演劇院：Spiegel Tent、Teviot's Gilded Balloon 及 Underbelly 大放異彩，Assembly 劇院 2012 年最新的幾個展演場地也是設立於此，不僅吸引了非常多的遊客至此，更是每年造訪藝穗節的「專家」們必然無法錯過的要地。草原公園位於這麼重要的藝穗節據點旁，又有著廣大的綠地草原，當然是個野餐的好去處。這是個當地人也相當喜愛的公園，此處的遊客數量相較於其他鬧區綠地而言顯得較少，因此也更能感受到較貼近生活的悠閒與自在。

▼寬闊的草地與樹蔭是戶外野餐的好去處 (ShutterStock)

2 夏日野餐美食：超市與外帶小吃

A. 超市熟食區

各個大型超市除了供應現烤麵包糕點外，還提供了各式野餐冷熱美食，從熱騰騰的烤雞（全雞或雞胸、雞翅等部位）、豬肋排 (pork ribs)、豬腳 (pork shanks)、英式香腸 (sausages)、沙嗲 (satay)、炸薯塊 (chips/potato wedges)，到清爽的冷三明治、沙拉、水果切盤……等應有盡有，且提供了自由索取的免洗刀叉湯匙，對喜愛享受夏日野餐樂趣的人，可說是相當方便的選擇。愛丁堡鬧區內幾個重要的超市如下：

a.**桑斯伯瑞斯超市** (Sainsbury's Supermarket)：就在詹能斯百貨 (Jenners) 後面的玫瑰街 (Rose Street) 上，這條街緊鄰著最熱鬧的王子街，離火車站亦相當近，向來以其飲食與熱鬧的夜生活為招牌，甚至還有專門的網站介紹玫瑰街上的各式小店 (http://www.edinburgh-rosestreet.com/)，是相當方便且熱鬧的位置。

b.**馬沙美食超市** (Marks & Spencer Food Hall)：馬沙百貨的自製美食向來是相當具口碑的，其現烤麵包及各式糕點在超市業中別具聲響，它的現烤可頌 (croissant) 與司康 (scone) 更是不能錯過！不過在主食方面，此處主要提供清爽的冷食，如沙拉、冷三明治……，對於偏好熱食的華人來說或許不能完全符合需求，但其食物種類與品質的確值得推薦。馬沙美食超市相當大，就位在王子街 54 號的馬沙百貨地下室，對遊客而言絕對是非常方便的地點。

▼馬沙美食超市裡美味無比的現烤司康

c.**特易購超市** (TESCO)：曾在臺灣開設超市據點的 TESCO，也是英國相當受歡迎的連鎖超市。位於愛丁堡鬧區南緣的尼可森街 (Nicolson Street) 上，近愛丁堡大學主要校區，也是藝穗節的重要展演劇院聚集區，提供了當地居民與學生們生活所需的各種食物用品，也同時提供了各種冷熱熟食以方便遊客隨時解饞。不過這家店規模較小，有時會遇到熟食被搶購一空的情況。

▲玫瑰街上的桑斯伯瑞斯超市

▲▶專門介紹玫瑰街美食的網站

◀土耳其烤肉是經濟實惠的異國
美食 (ShutterStock)
▼填滿美味配料的土耳其烤肉讓
人食指大動 (ShutterStock)

▲康瓦耳郡的傳統酥派 (ShutterStock)

▲牛肉腰子酥派 (ShutterStock)

愛戀・顛狂・愛丁堡

B. 外帶小吃

在愛丁堡街頭以及藝穗節的許多劇院庭園，總會有些販賣熱騰騰且香氣逼人食物的小吃攤或是外帶小店，數量及種類之多樣當然不能跟臺灣比，但是卻可以品嚐到英國當地人喜愛的街頭風味，其份量也絕對足以讓在藝術節中奔波享樂的遊客們解除飢餓且滿足口慾。

a.**英式酥派** (British pie)：這是跟炸魚薯條同享盛名的英國傳統小吃，外層為烤得香酥無比的派皮，內層餡料則有非常多選擇，多為帶有濃郁肉香或是含有起司 (cheese) 的濃稠餡料，最常見的要屬雞肉蘑菇派 (chicken & mushroom pie)、碎肉派 (mince pie)、豬肉派 (pork pie)、牛肉腰子酥派 (steak & kidney pie)、培根蛋酥派 (bacon & egg pie)、牛排肉餡派 (steak pie)，而牛排肉餡派更是蘇格蘭新年除夕 (Hogmanay) 及新年當天 (Ne'erday) 必吃的傳統食物。在街上、火車站、Pub、炸魚薯條外帶店，到處都可見英國酥派專賣攤位的蹤跡，其中更有強調康瓦耳郡傳統風味 (cornish pasty) 的酥派專賣店，這是英國非常普遍的傳統食物，其份量也不少，不妨當作一頓簡單的午餐，體驗英國大眾風味的傳統美食。

b.**土耳其烤肉** (Doner kebab)：就是臺灣一般所稱的「沙威瑪」，但在英國你所能吃到的土耳其烤肉份量、種類與美味，都絕對是臺灣小吃攤所賣的「沙威瑪」望塵莫及的！一般來說，土耳其烤肉以羊肉為主，但你也可以選擇雞肉，在英國的土耳其烤肉有三種組合形式：烤肉滿滿地填在皮塔麵包 (pita bread) 內、烤肉覆蓋在印度香軟烤餅 (naan) 上，以及搭配沙拉、薯條 (chips) 或薯片 (wedges) 的熱盤，有時會提供多種沾醬如：番茄醬 (ketchup)、美乃滋 (mayonnaise)、不太辣的辣椒醬 (chilli sauce)、薄荷醬 (mint sauce) 以及大蒜優格醬 (garlic yogurt sauce)。土耳其烤肉店常常也賣炸魚薯條與披薩，並且大多從下午開始營業直到凌晨 3 至 4 點，讓一夜玩樂的遊客與夜店酒客們無須擔心狂歡後的飢腸轆轆。

▶愛丁堡最著名的炸魚薯條專賣店官網

c.**炸魚薯條** (Fish & Chips)：這道舉世聞名的英國傳統大眾小吃，不需細說即可明瞭，儘管英國各地四處可見炸魚薯條專賣店，但是食材與廚藝的差別卻足夠讓你產生深深愛上它或是從此痛恨它的極端結果！每個地方都會有幾間特別著名的專賣店或是 Pub，愛丁堡市內最著名的炸魚薯條要屬老字號的「金色早晨外送小吃店」(L'Alba D'Oro) 以及「勁速炸魚薯條披薩速食店」(Rapido Caffe)，但有時不知名的店或是路上隨意經過的 Pub 也有可能會帶來美味的驚喜，差別常在於對酥炸外皮的不同喜好，若是對這道英國傳統小吃很有興趣，不如多試幾間名店，會發現不同的口感也能帶來一樣的滿足！

d.**其他速食小吃**：常見的英國街頭速食還有英式香腸麵包 (sausage with bread)、漢堡 (burger)、三明治 (sandwich)、法式三明治 [潛艇堡] (baguette sandwich)、法式薄餅 (crêpe)……等，有些是專賣漢堡、三明治、潛艇堡的小店，也有些是以餐車的方式在街頭或是劇院庭園內販售，以奶油爆洋蔥的濃濃香氣再加上現煎英式香腸、漢堡肉的濃郁肉香，常讓路人即使一點都不餓也忍不住要買一份來滿足味覺的慾望！

▲英國街頭常見的香腸麵包

▲份量十足的三明治

Step 4　精打細算實用攻略

住：落腳愛丁堡

旅遊時住宿品質的好壞很重要，當你享受了一天的美好後回到旅店，你會希望有舒適的臥　▶地點極佳的背包客
房與周遭環境等著你，讓你有個好夢，隔天又可以再度享受另一天的愜意。雖然許多時候　旅館
為了預算的考量，必須在住宿品質上做些妥協，尤其是在像愛丁堡藝術節這種吸引著全世
界遊客的超大型節慶期間，比平時昂貴的住宿價格是必然的，但如何在同等的住宿價格中
得到最划算、最值得的品質，就必須對當地各區的屬性、交通狀況、生活機能，以及大致
上住宿價格的水平有一定的了解，否則就容易當冤大頭，或是必須忍耐旅遊過程中許多的
不便，有時甚至麻煩到破壞了旅遊的好心情，從此對該地留下了不好的印象，實在相當可
惜！因此，接下來的部分便是以當地通的經驗提供一些重要的小撇步，讓讀者不須自行深
入研究當地的各種機能狀況也可以找到物超所值的住宿地。

1 基本原則

A. 提早預訂是必要的！

這其實是去所有的熱門旅遊地點以及盛大節慶所必須要留意的，除非你有無盡的預算，或
是你完完全全不在意安全問題以及睡眠環境品質，但即使你是這兩種人，在這種超級熱門
的時節，也還是有可能在愛丁堡市區內找不到住宿的地方，最後只得到城外住宿，徒增麻
煩。此外，提早預訂最重要的好處是比較能以相對合理的價錢找到符合需求的住宿旅店，
選擇自然也就增加很多，雖然愛丁堡從七月中到九月初的住宿都是屬於旺季較昂貴的價錢，
但是愈接近八月，愈是一宿難求，價錢就愈會水漲船高，你不會希望在非常有限的選擇下，
以昂貴的價錢住在差強人意的環境中！

Step 4　精打細算實用攻略

B. 便利、治安與品質

在世界各地旅行時的住宿原則,大抵不脫便利、治安與品質這三大考量,便利性決定了你旅途過程中的順暢與否;治安則是基本的安全考量不可不重視;而品質便是決定你的旅遊心情的重要因素。你不會希望到達愛丁堡後需要帶著大包小包的行李屢屢換車、上下數不盡的階梯,接近旅店時還須提心吊膽擔心成為不法之徒眼中的肥羊,終於進到旅店房間之後,卻發現床單不乾淨、沒有熱水可沖澡、隔壁周遭吵雜不已、房間有散不去的異味⋯⋯各種不同的狀況。因此這三個重要原則是選擇住宿的根本考量,當然,因每人需求與期待不同,自會偏好不同選擇,像是:偏好山水美景的人,會選擇稍偏離市區的世外桃源旅店;喜愛夜生活的年輕觀光客,會挑選熱鬧喧嚷的市區不夜城留宿;而偏好城區歷史觀光的人,便會在舊城區尋覓具有往日風情的旅店住宿,但即使是不同的偏好,這三大基本原則依舊不會有衝突。

然而愛丁堡藝術節期間的住宿,因大量湧入的遊客,除了這三大基本的考量外,個人喜好也是相當重要的考量,否則便容易花大錢卻得到不符合其價值的住宿品質,破壞了原本可以完美的旅遊心情。

2 聰明住宿提案

A. 交通及生活機能便利之處

a.**瓦佛力火車站** (Waverley Rail Station)：附近是交通最為便利之處。這是愛丁堡最重要的車站，搭乘火車的觀光客大多自此進出；若是搭飛機前來愛丁堡，火車站西側出口的瓦佛力橋 (Waverley Bridge) 便是機場接駁車 Airlink 100 的終點站。而愛丁堡聯外公車站 (Edinburgh Coach Station) 也近在咫尺，就在瓦佛力火車站北邊 300 公尺的聖安德魯廣場 (St. Andrew's Square) 旁。火車站北側出口即是人聲鼎沸的王子街 (Princes Street)，這裡是愛丁堡市內公車最重要的轉運點。此外，王子街本身即是愛丁堡最重要的逛街區，自然也不乏各式餐廳與小吃，因此此區附近可說是住宿的最佳地點，自然也就聚集了不少豪華且深具歷史的頂級大飯店，但依舊可找到不少其他的旅店，所以千萬別以為沒有超大荷包就不能住在這一區！

b.**乾草市場車站** (Haymarket Rail Station)：同樣是火車與機場接駁車都可直接到達之處，此處的公車雖不像瓦佛力車站般數量龐大，卻也相當方便，即使是玩到半夜，亦可搭乘夜間公車回到此區。少了愛丁堡鬧區的喧囂，乾草市場車站這一帶多了一股生活的寧靜，生活機能亦不錯，除了錯落的中式餐廳、英式小吃店及 Café、披薩屋之外，從車站東側達利路 (Dalry Road) 往南走約 10 分鐘即有規模不小的桑莫菲爾德超市 (Somerfield)，各種食物及用品大都可在此購買，順道一提，它的現烤麵包亦相當美味。此區的優點在於它的寧靜及便利，雖不在愛丁堡最喧囂的鬧區，但搭公車到愛丁堡鬧區的西緣，即名為西區 (West End) 的新城區，只需 5 分鐘，而既是離開了鬧區，便可享有較為便宜的住宿價格，若是想遠離鬧區塵囂又不想花太多交通時間，此處會是不錯的選擇。

c.**布羅頓街 (Broughton Street)**：布羅頓街一帶亦相當便利，這條街向來以餐廳林立聞名，希臘菜、中東菜餚、美式、義式餐廳皆沿著這條街比鄰而立，亦有相當受歡迎的酒吧、café 在此。雖步行至瓦佛力火車站需幾分鐘的路程，但一路上相當熱鬧，隔著交通要道利斯大道 (Leith Walk) 與萬象娛樂中心 (Omni Centre) 對望，右手邊即為內有約翰路易斯百貨公司 (John Lewis Department Store)、各種品牌服飾配件與美食街的聖詹姆士購物中心 (St. James Shopping Centre)。而利斯大道上也有相當多的公車路線，從這最方便的是可一路往北到著名的海港區 (Ocean Terminal)，也有往南經草原公園 (The Meadows) 的公車，抑或是往西經王子街到西邊城區的公車，只是後者路線較少，倒不如步行個幾分鐘到瓦佛力車站前搭乘。

d.**皇家大道 (Royal Mile)**：是所有觀光客必得從頭到尾走一遭的歷史要道，從西側最高點的愛丁堡古堡 (Edinburgh Castle) 一路沿著皇家大道遊覽眾多古蹟、景點，直到最東邊的聖十字皇宮 (Holyrood Palace)，住在如此迷人的歷史大道附近自是相當方便，各種餐廳、Pub、café 應有盡有，當然不可避免的是喧囂的人潮。在此處住宿，可留意小巷弄間的民宿 (B&B) 及出租公寓 (rented flat)，可享受愛丁堡迷人巷弄 (close) 中古老石砌階梯的歷史風情，又可隔開皇家大道上的熱鬧人聲。這一帶的平價住宿雖然數量不多，但仔細尋找會有意想不到的好選擇。必須留意的是，在這一帶遊覽大抵需要步行或坐計程車，若需要坐公車至他處，得走到尼可森街 (Nicolson Street) 上，或是沿著蘇格蘭國家現代美術館 (Scottish National Gallery of Modern Art) 旁的階梯一路往下走到蘇格蘭皇家學院 (The Royal Scottish Academy) 前的王子街上搭乘。因此，若選擇住在此區，剛到達愛丁堡時，可以考慮從火車站或是瓦佛力橋上搭乘計程車到住處，才能免除拖拉行李上下階梯及斜坡的辛勞。

▲曲折寧靜的斜坡巷弄

◀充滿古意的靜謐巷弄間可能也藏著令人驚喜的民宿

Step 4　精打細算實用攻略

B. 遠離塵囂的優美休憩城郊

選擇留宿地點時，若希望待在愛丁堡市內，且能同時享有自然美景以及生活與交通的便利，海港區 (Ocean Terminal)、皇家植物園 (Royal Botanic Garden) 以及愛丁堡動物園 (Edinburgh Zoo) 是相當受歡迎的選擇。海港區可說是其中的首選、最受歡迎的度假區，因其緊鄰海邊的靜謐美景，又有寬敞舒適具時尚感的購物中心，無論是逛街購物、飲食休閒皆一應俱全，再加上通往愛丁堡市中心的公車班次又相當多，也無怪乎此區有著各式不同的旅店，從五星級的豪華大飯店到深具當地風情的 B&B、背包客喜愛的青年旅社 (hostel) 及背包客旅社 (backpackers)，甚至私人出租的標準房、套房或公寓，應有盡有。另一個景色優美的選擇乃是皇家植物園一帶，皇家植物園是深受當地人喜愛的休憩園區，但對於遊客來說就不一定是必訪行程之一了，再加上此區公車班次不算頻繁，因此附近的住宿選擇並不多，通常是私人經營的小型 B&B，不過好處當然就是住宿價位相對較為便宜。但是此區離愛丁堡市區並不算遙遠，大約 20 分鐘的公車車程，因此仍有少數遊客選擇在此區尋找住宿地點。還有一個較受歡迎的市郊住宿區為愛丁堡動物園附近，儘管這個動物園的規模不算大，但是對於喜好動物的遊客而言，尤其是有幼童同行的家庭旅遊，是相當適合親子同樂的好地點。此外，其地點就在機場市區接駁車的路線上，距離機場不到 10 分鐘的車程，到市區也不會超過 15 分鐘，且每 10 分鐘就有一班車，到了半夜，也有相當方便的夜間巴士到達，此區的價位又因距離市區較遠而便宜許多，所以此區亦有相當多的住宿選擇，除 B&B 外也有連鎖大飯店在此，若是不介意來回 6 英鎊的接駁車費用與到市區來回共 30 分鐘的交通時間，此區其實也是不錯的選擇。

◀適合親子同遊的動物園 (ShutterStock)
◀◀皇家植物園 (ShutterStock)

愛戀·顛狂·愛丁堡

▲利斯海港的岸邊步道 (dreamstime)

Step 4 精打細算實用攻略

C. 露營區 (Camping Site)

露營當然是最節省住宿費的方式，許多愛丁堡藝穗節的表演者與參與者因需待在愛丁堡長達一個月，在預算不足的情況下，露營自是受歡迎的選擇，但這也是跟其他紮營者相互交流、建立友誼的好方法。露營的場地大多離市區較遠，需花費相當多時間在來回的公車上，且須配合公車最早與最末班次而在行動上有所受限。 位於愛丁堡南邊的摩頓赫露營園區 (Mortonhall Caraven & Camping Park) 是幾個露營場地中最受歡迎的地點，除了其設備完善之外，其距離愛丁堡市中心僅需 30 分鐘的車程，搭乘公車相當便利，且附近即有高爾夫球場，就景色與便利度來說都是最適合需往來愛丁堡市區參與藝術節的人紮營的地點。

愛戀·顛狂 愛丁堡

旅店小辭典

1. 豪華飯店 Luxury Hotel

此類多為五星級以上之豪華飯店，有些為國際連鎖豪華大飯店，飯店本身之服務、設備無懈可擊，讓你享受極至尊榮的貴族禮遇，而有些飯店建築物本身因其深具歷史價值而加分不少，當然，這些也都反映在價位之上，不過有時可在網路上的飯店預訂網站找到相當划算的折扣，早日規劃與預訂飯店常會有意想不到的折扣驚喜。

2. 三、四星級飯店

此等級的飯店不似豪華飯店般索價高昂，但也具備了專業的服務與設備，冷、暖氣設備、私人衛浴設施與其他服務皆無須擔心有任何不周之處，可說是能享受舒適休憩且價格合理的選擇。需要注意的是，有些標示三星級的非國際連鎖飯店品質與環境會差強人意，且須留意其房內是否提供冷暖氣設備。雖然愛丁堡地理緯度高，但近年因全球暖化，夏天有時仍可能高達 30 度，若是怕熱的人，選擇飯店時須特別留意。

3. 平價旅館 Budget Hotel

這通常是指一星及二星級的飯店，有些較廉價的三星級飯店亦屬此類，此種旅店價位通常與 B&B 相仿，其實有不少 B&B 也是以飯店 (hotel) 自稱，其所提供的服務與設備較基本，必然沒有冷氣設備，暖氣與熱水的供應常有時間限制，房內的配備一律為床、書桌、小櫃子，不提供吹風機，當然也沒有沐浴乳、洗髮精等盥洗用品，但會附上浴巾、毛巾。通常會附早餐，但所附早餐的品質與分量參差不齊，選擇此類旅館時，多參考網路上的旅客評價較能避免失望。此外，其所供應的房型與服務也與 B&B 近似，須留意各房型的差別：

a.**標準房 (standard room)**：這與三星級以上飯店所稱的標準房不同！在平價旅館與 B&B 房型分類中，標準房指的是不含衛浴設備的房間，有些會有簡易的洗手臺、電視、電熱水壺，但並不是此類房型的標準配備。

b.**套房 (en-suite)**：此房型即是指備有私人衛浴設備的房型，通常房內備有電視、電熱水壺，但也並不是絕對，訂房時須留意。

c.**宿舍房床位 (bed in dormitory)**：並非所有的平價旅館都提供此種房型，這是類似青年旅社的計價方式，一間房內的床位可分租給各個不同的單獨旅行者，只是廉價旅店內宿舍房的床位一般而言最多只到 6 個，不像青年旅社一間房可多達 20 幾個床位。這類房型一般而言也沒有衛浴設備，需要淋浴及如廁時皆需使用走廊上的公共衛浴。

4. B&B (Bed & Breakfast)

此種旅店之英文原名為「床和早餐」，顧名思義即是指以床位計價，而非如一般飯店以房間數計價的方式。無論旅客一行幾個人，一律以一個人（一張床＋一份早餐）多少英鎊來計算，但會因其所選擇的房型而有不同價位。一般而言，三到四人房的單位價是最低的；若你是單獨旅行的人，遇到單人房已客滿，只能入住雙人房但卻不想跟陌生人共享同一間房間時，住宿一晚的價錢會較高，但不會多達兩個人的價錢。許多初次到英國旅行的人，都會對入住 B&B 有些溫馨的或異國情調的想像，但其實傳統上家庭式經營的溫馨 B&B 在英國各個城市裡比例不大，通常都是在比較偏遠的市郊，並且無論是城市或鄉間，其服務與態度也因經營者的不同而有相當大的差異，並不是所有的 B&B 都會給予熱情及友善的待遇，有些 B&B 甚至就如同平價旅館般經營，因此若要選擇入住 B&B 式的旅店，最好事先多在網路上查詢其客戶評價與相關資訊，才不至於因期望太高而導致不必要的失望。

5. 青年旅社／背包客旅社 Hostel / Backpackers Hostel

青年旅社在愛丁堡也是為數不少，總是吸引了無數的背包客入住。其計價方式在世界各地大致都一樣，都是以床位計算，一個房間少至四人，多則可達二十幾個人，價位自然也有所不同。許多青年旅社的價錢內是不包含棉被、枕頭跟床單的，因此須另外付費租用床舖用品。衛浴設備方面，有些青年旅社的少數房間會有衛浴，但大部分情況是需到走廊上的公共淋浴間與化妝室使用。大多會附早餐，但千萬別對早餐有任何期待，青年旅社既然廉價，其早餐的質與量方面自是以果腹為唯一目的。青年旅社是深受年輕人與背包客喜愛的住宿型態，大多因其廉價的計費方式，然而需特別留意的是，在城市鬧區的青年旅社常因其地點而索價較高，甚至與 B&B 或平價旅館的價位相差不遠，但所得到的住宿品質卻會有相當大的差異。因此若是為了低廉的價位而選擇青年旅社，便需要多加精打細算，有時青年旅社並非同等價位中的最佳選擇。

▼愛丁堡著名的五星級飯店：
Balmoral Hotel (ShutterStock)

▶背包客旅館是年輕人
喜愛的住宿選擇

附 錄

愛丁堡市區實用地圖

圖示凡例

1 推薦餐廳

1 愛丁堡火車站周邊飯店

1 重要展演場地

1 官方售票口

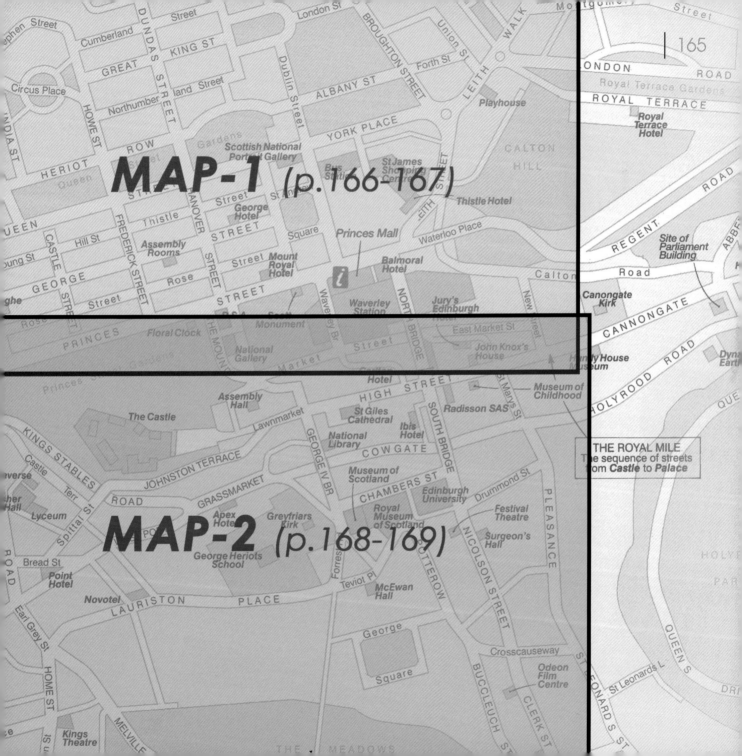

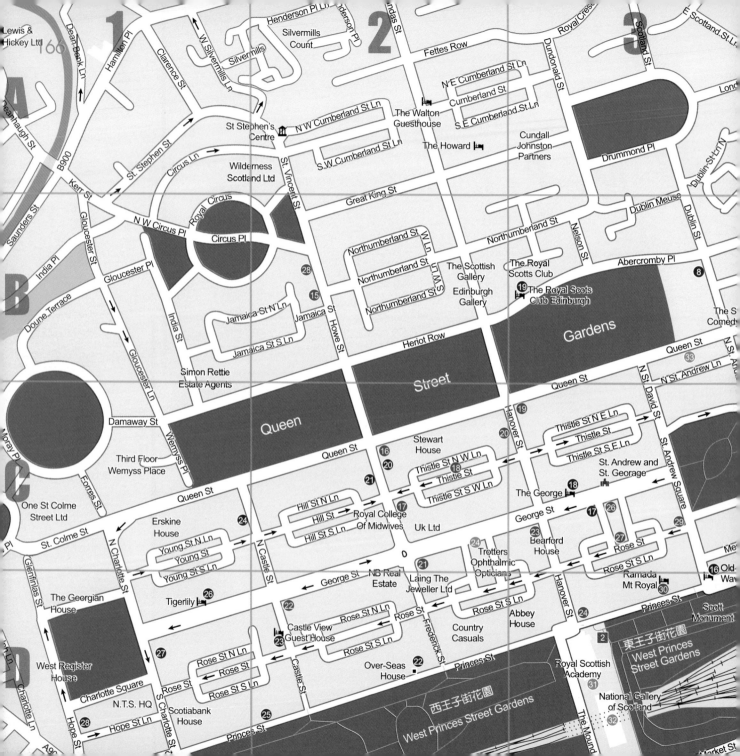

MAP-1
愛丁堡市區地圖
新城區 New Town 為主

4

5

E London St ①

St. Mary's Roman Catholic Primary School

Gayfield Pl Ln

Montgomery St

Windsor St Ln

sfield ir House

Broughton Pl Ln

② The Broughton

Gayfield Square

Elm Row

Montgomery St Ln

Caim

don Street rocery

Broughton Pl

② Broughton St

Hart St

Elm Row

Richmond House Hotel

y Pl

① Barony St

⑤

⑥ Thomson House

Union St

London Rd

③ ④

Forth St

⑭

Albany St Ln

Albany House

Broughton St Ln

③ Rock Trust

⑦

⑧

The Bank Of New York

Royal Terrace

York Ln

Leith Walk

Marshel's C.

④

B901

⑤ York Pl

⑨ ⑦

⑱

Greenside Row

⑦

⑥

St. Mary's RC Cathedral

⑩ ⑪ ⑫ ⑬

Troon Ltd

St. James' Pl

Little King St

Omni

Greenside Row

Regent Gardens

ltrees Walk

Elder St

James Craig Walk

St. James Centre

Leith St

Greenside Row

City Observatory

Royal Bank cotland Plc

National Monument

⑨

⑩

卡頓丘 Calton Hill

egister St

HM New Register House

Leith St

Calton Hill

A1

Regent Rd

⑬

⑫

Waterloo Pl

Regent Rd

The Princess Mall

⑪

Scottish Executive

St Andrews House

⑮

Princes St

⑭ Balmoral

N Bridge

Waterloo Pl

Calton Rd

A1

Calton Rd

⑤

Calton Rd

Waverley Steps

rinces Mall

Calton Rd

⑥

Waverley Station 瓦佛力火車站

A7

City of Edinburgh Council

New St

Old Tolbooth Wynd

Fruitmarket Gallery ㉚

Market St

E Market St

② City Art Centre

⑳

Jeffrey St

Cranston St

Canongate

Edinburgh Dungeon

㊱

㉜

Paramount Carlton Hotel

John Knox House

㉝

Cockburn St

High St

Lyon's Close

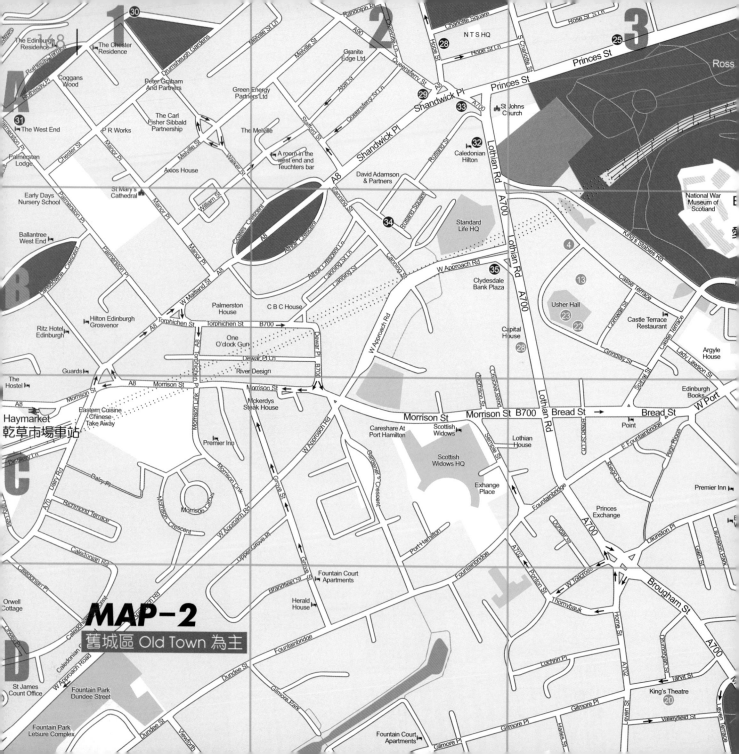

地圖索引 1（按編號排列）

圖示說明：🏠 地址 🕐 營業時間

● 推薦餐廳

★　　外帶店 2-10 £
£　　5-15 £
££　　15-40 £
£££　40 £ 以上

◆Broughton Street 布羅頓街

❶ **L'Escargot Bleu** 藍蝸牛餐廳 法式 ££
　🏠 56 Broughton Street, Edinburgh EH1 3SA
　🕐 週一～四 12:00-14:30 & 17:30-22:00
　週五、六 12:00-15:00 & 17:30-22:30 / 週日休息
　http://lescargotbleu.co.uk/

❷ **The Olive Branch Bistro** 橄欖枝餐廳 現代歐洲菜 ££
　🏠 91 Broughton Street, Edinburgh EH1 3RX
　🕐 每日 08:30-22:00
　http://theolivebranchscotland.co.uk/

❸ **Broughton Delicatessen** 伯羅頓簡餐店 熱食簡餐 £
　🏠 7 Barony Street, Edinburgh EH3 6PD
　🕐 週一～六 08:00-19:30 / 週日 11:00-17:00
　（藝術節期間）週一～五 08:00-20:00 / 週六 09:00-20:00 / 週日
　11:00-18:00
　http://www.broughton-deli.co.uk/

❹ **Blue Moon Café** 藍月咖啡 咖啡輕食 £～££
　🏠 1 Barony Street, Edinburgh EH3 6PD
　🕐 週一～六 11:00-01:00 / 週日 12:00-01:00

❺ **Rapido Caffe** 勁速炸魚薯條批薩速食店 外送外帶 ★
　🏠 77-79 Broughton Street, Edinburgh EH1 3RJ
　🕐 週一～五 11:30-14:30 / 週五、六 16:30-02:00 / 週日～四 16:30
　-01:00
　（外送時段：週日～四 17:00-01:00 / 週五、六 17:00-02:00）
　http://rapido.readyforfood.com/

❻ **Smoke Stack** 煙囪餐廳 美式餐廳 ££
　🏠 53-55 Broughton Street, Edinburgh EH1 3RJ
　🕐 週一～四 12:00-14:30 & 17:00-22:00 / 週五 12:00-23:00 / 週
　六 11:00-23:00 / 週日 12:00-22:00
　http://www.smokestack.org.uk/

❼ **Urban Angel** 城市天使小餐館 熱食簡餐 £～££
　🏠 1 Forth Street, Midlothian, Edinburgh EH1 3JX
　🕐 週一～六 08:30-22:00 / 週日 10:00-22:00
　http://www.urban-angel.co.uk/

❽ **Treacle Bar & Kitchen** 甜漿酒吧廚房 酒吧餐廳 £～££
　🏠 39-41 Broughton Street, Edinburgh EH1 3JU
　🕐 每日 10:00-01:00
　http://www.treacleedinburgh.co.uk/

❾ **Conan Doyle Pub** 柯南道爾酒吧 英式酒吧餐廳 £～££
　🏠 71-73 York Place, Edinburgh EH1 3JD
　🕐 每日 10:00-24:00
　http://www.nicholsonspubs.co.uk/theconandoyleedinburgh/

◆OMNi 電影娛樂城

❿ **La Tasca** 塔斯卡餐廳 西班牙菜 ££
　🏠 Unit 2 Omni Centre, Greenside Place, Edinburgh EH1 3AA
　🕐 週一～六 11:00-23:00 / 週日 12:00-22:00
　http://www.latascakitchen.co.uk/omni-centre/

⓫ **Frankie & Benny's** 法蘭克 & 班尼 美式餐廳 ££
　🏠 Unit 3 Omni Centre, Greenside Place, Edinburgh EH1 3BN
　🕐 每日 09:00-23:00
　http://www.frankieandbennys.com/restaurant/frankie-bennys-
　edinburgh-omni-centre

⓬ **Slug & Lettuce** 烈酒 & 青蔬 酒吧餐廳 £～££
　🏠 Unit 8 Omni Centre, Greenside Place, Edinburgh EH1 3BN
　🕐 週日～四 10:00-24:00 / 週五、六 10:00-01:00
　http://www.slugandlettuce.co.uk/edinburgh/

⓭ **Lloyd's No. 1 Bar** 羅伊首選酒吧 英式連鎖酒吧餐廳 £～££
　🏠 Omni Centre, Greenside Place, Edinburgh EH1 3AJ
　🕐 週一～五 08:00-23:00 / 週六、日 07:00-23:00
　http://www.jdwetherspoon.co.uk/home/pubs/the-playfair

◆New Town 新城區其他

⓮ **Deep Sea Fish & Chips** 深海炸魚薯條 外帶 ★
　🏠 2 Antigua Street, Edinburgh Midlothian EH1 3NH
　🕐 週一～四 16:00-02:00 / 週五、六 16:00-03:00 / 週日 17:00-02:00
　http://www.yelp.co.uk/biz/deep-sea-carry-out-edinburgh

⑮ A Room in the Town 城中蘇格蘭小館 蘇格蘭菜 **££**
🏠 18 Howe street, Edinburgh EH3 6TG
🕐 週一～五 10:00-14:30/17:30-22:00
週六 10:00-11:00/12:00-14:30/17:30-22:00
週日 10:00-15:30/17:30-21:00
http://www.aroomin.co.uk/slider/a-room-in-the-town/

⑯ La P'tite Folie 小癲狂法式餐廳城中店 法式 **££**
🏠 61 Frederick Street, Edinburgh EH2 1LH
🕐 週一～六 12:00-15:00/18:00-23:00 / 週日休息
http://www.laptitefolie.co.uk/

⑰ Café Rouge 熾紅法式連鎖餐廳 法式 **££**
🏠 43 Frederick Street, Edinburgh EH2 1EP
🕐 週一～六 07:15-23:00 / 週日 07:15-22:00
http://www.caferouge.co.uk/french-restaurant/edinburgh

⑱ Fishers in the City 城市漁夫海鮮餐廳 蘇格蘭海鮮 **££**
🏠 58 Thistle Street, Edinburgh EH2 1EN
🕐 每日 12:00-22:30
http://www.fishersbistros.co.uk/fishers-in-the-city.php

⑲ Urban Angel Café 城市天使咖啡 咖啡輕食 **£**
🏠 121 Hanover Street, Edinburgh, Midlothian EH2 1DJ
🕐 週一～六 09:00-18:00 / 週日 10:00-17:00
http://www.urban-angel.co.uk/

⑳ The Dogs 挑嘴狗餐廳 蘇格蘭菜 **££**
🏠 110 Hanover Street, Edinburgh EH2 1DR
🕐 每日 12:00-22:00
http://www.thedogsonline.co.uk/

㉑ Wetherspoon Pub 威勒斯本連鎖餐廳酒吧 酒吧餐廳 **£～££**
🏠 62-66 George Street, Edinburgh EH2 2LR
🕐 每日 08:00-24:00
http://www.jdwetherspoon.co.uk/home/pubs/the-standing-order-edinburgh

㉒ Starbucks Coffee 星巴克連鎖咖啡 咖啡輕食 **£**
🏠 30A George Street, Edinburgh EH2 2LE
🕐 週一～五 06:00-19:30 / 週六 07:00-19:30 / 週日 07:30-19:00
http://starbucks.co.uk/

㉓ Starbucks Coffee 星巴克連鎖咖啡 咖啡輕食 **£**
🏠 106 George Street, Edinburgh EH2 2LE
🕐 週一～五 06:00-19:30 / 週六 07:00-19:30 / 週日 08:00-19:00
http://starbucks.co.uk/

㉔ Costa Coffee 科斯達連鎖咖啡 咖啡輕食 **£**
🏠 1 Hanover Street, Edinburgh EH2 2DL
🕐 週一～五 07:00-19:00 / 週日 09:00-19:00
http://www.costa.co.uk/

㉕ Costa Coffee 科斯達連鎖咖啡 咖啡輕食 **£**
🏠 Unit P1/P2 Princes Mall, 3 Waverley Bridge, Edinburgh EH1 1BQ
🕐 週一～五 07:00-18:00（週四 19:00）/ 週日 09:00-17:00
http://www.costa.co.uk/

㉖ The Dome 圓頂（**The Grill Room** 炙燒餐廳 / **The Club Room** 俱樂部餐廳）現代歐洲菜 **£££**
🏠 14 George Street, Edinburgh EH2 2PF
🕐 每日 12:00-23:00 (The Grill Room)
🕐 週一～三 10:00-17:00 / 週四～六 10:00-23:00 / 週日休息 (The Club Room)
http://www.thedomeedinburgh.com/

㉗ Garden Café 花園露天咖啡 熱食簡餐 **££**
🏠 14 George Street, Access via Rose Street, Edinburgh EH2 2PF
🕐 週一～六 10:00-22:00 / 週日休息
http://www.thedomeedinburgh.com/

◆Supermarket 超市

㉘ Sainsbury's 桑斯貝瑞斯超市 供熱食外帶
🏠 28 Howe Street, Edinburgh EH3 6TG
🕐 每日 00:00-23:59
http://www.sainsburys.co.uk/

㉙ Sainsbury's 桑斯貝瑞斯超市 供熱食外帶
🏠 9-10 St. Andrew Square, Edinburgh EH2 2AF
🕐 週一～六 07:00-22:00 / 週日 09:00-20:00
http://www.sainsburys.co.uk/

㉚ Marks & Spencer 馬沙超市 供輕便冷食外帶
🏠 54 Princes Street, Edinburgh EH2 2DQ
🕐 週一～五 09:00-19:00（週四 20:00）/ 週六 08:30-19:00 / 週日 11:00-18:00
http://www.marksandspencer.com/

◆Old Town 舊城區

㉛ La Garrigue 賈希克法式餐廳 法式 **££**
🏠 31 Jeffrey Street, Edinburgh EH1 1DH
🕐 每日 12:00-14:30/18:30-21:30
http://www.lagarrigue.co.uk/lagarrigue/

㉜ Baroja Tapas Bar 巴羅哈西班牙小酒館 西班牙菜 **££**
🏠 19 Jeffrey Street, Edinburgh EH1 1DR
🕐 每日 11:00-10:00
http://www.barioja.co.uk/barioja/

㉝ **Iggs** 依格斯西班牙餐廳 西班牙菜 ££
🏠 15 Jeffrey Street, Edinburgh EH1 1DR
🕐 週一～六 12:00-14:30/18:00-22:30 / 週日休息
http://www.iggs.co.uk/

㉞ **Bella Italia** 貝拉義大利連鎖餐廳 義式 £～££
🏠 54-56 Northbridge, Edinburgh EH1 1SB
🕐 每日 09:00-23:00
http://www.bellaitalia.co.uk/

㉟ **Whiski Bar** 威士忌酒吧餐廳 蘇格蘭酒吧餐廳 ££
🏠 119 High Street, Edinburgh EH1 1SG
🕐 每日 11:00-01:00
http://www.whiskibar.co.uk/

㊱ **Whiski Rooms** 威士忌餐館 蘇格蘭酒吧餐廳 ££
🏠 4, 6 & 7 North Bank Street, Edinburgh EH1 2LP
🕐 每日 12:00- 23:00
http://www.whiskirooms.co.uk/

㊲ **Double Dutch** 童言囈語餐廳 地中海菜 £
🏠 27-29 Marshall Street, Edinburgh EH8 9BJ
🕐 每日 09:00-20:00
http://www.doubledutchedinburgh.co.uk/

㊳ **Starbucks Coffee** 星巴克連鎖咖啡 咖啡輕食 £
🏠 124 High Street, Edinburgh EH1 1QS
🕐 每日 06:30-22:00
http://starbucks.co.uk/

㊴ **Chocolate Soup** 巧克力濃湯甜點屋 甜點飲品 £
🏠 2 Hunter Square, Edinburgh EH1 1QW
🕐 每日 08:00-19:00

㊵ **Black Medicine Coffee** 黑藥咖啡 咖啡輕食 £
🏠 2 Nicolson Street, Edinburgh EH8 9DH
🕐 週一～六 08:00-19:00 / 週日 10:00-19:00
www.blackmed.co.uk

㊶ **Elephants & Bagels** 大象貝果 咖啡輕食 £
🏠 37 Marshall Street, Edinburgh EH8 9BJ
🕐 週一～五 08:30-17:30 / 週六、日 09:30-17:00
http://www.elephanthouse.biz/

㊷ **Monster Mash Café** 怪獸趴復古咖啡 咖啡輕食 £
🏠 20 Forrest Road, Edinburgh EH1 2QN
🕐 週一～五 08:00-22:00 / 週六 09:00-22:00
週日 10:00-22:00
http://www.monstermash-cafe.co.uk/

㊸ **National Museum of Scotland** 蘇格蘭國家博物館
🏠 Chambers Street, Edinburgh EH1 1JF
Balcony Café& Brassiere 陽台咖啡小館 咖啡輕食 £

🕐 每日 10:00-17:00
http://www.nms.ac.uk/our_museums/national_museum/plan_
your_visit/eating.aspx
Tower Restaurant 高塔蘇格蘭餐廳 蘇格蘭菜 £££
🕐 每日 12:00- 23:00
http://www.tower-restaurant.com/

㊹ **Frankenstein Pub Restaurant** 科學怪人酒吧主題餐廳 酒吧餐廳 ££
🏠 26 George IV Bridge, Edinburgh EH1 1EN
🕐 每日 12:00-02:00（週三～日）
http://www.frankensteinedinburgh.co.uk/

㊺ **The Elephant House** 大象屋餐廳 咖啡輕食 £～££
🏠 21 George IV Bridge, Edinburgh EH1 1EN
🕐 週一～五 08:00-22:00（週五 23:00）/ 週六 09:00-23:00/ 週日 09:00-22:00
http://www.elephanthouse.biz/

㊻ **Petit Paris** 小巴黎法式餐館 法式 £～££
🏠 38/40 Grassmarket, Edinburgh EH1 2JU
🕐 每日 12:00-23:00
http://www.petitparis-restaurant.co.uk/

㊼ **The Snug@Assembly Roxy** 舒活酒吧 （藝聚劇院羅克西分部附設酒吧）咖啡酒吧 £
🏠 2 Roxburgh Place, Edinburgh EH8 9SU
🕐 （藝穗節期間限定）每日 12:00-23:00
http://www.assemblyfestival.com/venues.php

㊽ **Sainsbury's** 桑斯貝瑞斯超市 供輕便熱食外帶
🏠 29-30 Simpson Loan, Edinburgh EH3 9GG
🕐 週一～五 07:00-22:00 / 週六 08:00-22:00 / 週日 08:00-21:00
http://www.sainsburys.co.uk/

㊾ **Lidl** 利多超值超市 無供應熱食
🏠 56-58 Nicolson Street, Edinburgh EH8 9DT
🕐 週一～六 07:00-22:00 / 週日 08:00-22:00
http://www.lidl.co.uk/

㊿ **Greggs** 葛雷格連鎖烘培小點 熱、甜食外帶
🏠 74 Nicolson Street, Edinburgh EH8 9DT
🕐 週一～六 08:00-17:15 / 週日休息
http://www.greggs.co.uk/

51 **Farmfoods** 田園冷凍食品超市 無供應熱食
🏠 76 Nicolson Street, Edinburgh EH8 9DT
🕐 週一～五 08:00-22:00 / 週六 08:00-19:00 / 週日 09:00-19:00
http://www.farmfoods.co.uk/

52 **TESCO** 特易購超市 供輕便熱食外帶

94 Nicolson Street, Edinburgh EH8 9EW

◎ 每日 06:00-01:00

http://www.tesco.com/

53 Kilimanjaro Coffee 吉力馬札羅咖啡 咖啡輕食

104 Nicolson Street, Edinburgh EH8 9EJ

◎ 週一～五 08:00-20:30/ 週六、日 08:30-20:00

http://www.list.co.uk/place/103386-kilimanjaro-coffee/

54 Beanscene coffee & Music House 豆景音樂咖啡屋 咖啡輕食

99 Nicolson Street, Edinburgh EH8 9BY

◎ 週一～六 08:00-22:00 / 週日 9:00-22:00

http://www.beanscene.co.uk/

●愛丁堡火車站周邊飯店

★飯店星級

£　　　30-90 £

££　　90-150 £

£££　150£ 以上

▲Hostels & Backpackers 背包旅社

（訂房 www.hostels.com）

◆New Town 新城區

1 Ramsay's Bed &Breakfast 瑞西的 B&B ££

25 East London Street, Edinburgh EH7 4BN

http://www.ramsaysbedandbreakfastedinburgh.com/

2 The Broughton Hotel B&B 布羅頓飯店 B&B £～££

37 Broughton Place, Edinburgh EH1 3RR

http://www.broughton-hotel.com/

3 Albany Ballantrae Hotel 艾巴尼巴倫崔飯店★★★££

39-47 Albany Street, Edinburgh EH1 3QY

http://www.ballantrae-albanyhotel.co.uk/

4 The Glass House 玻璃屋精品飯店★★★★★£££

2 Greenside Place, Edinburgh EH1 3AA

http://www.theetoncollection.co.uk/content.aspx?pageid=450

5 The Place Hotel 廣場精品飯店★★★★££

36 York Place, Edinburgh EH1 3HU

http://www.yorkplace-edinburgh.co.uk/

6 York House Hotel 約克古居飯店 £

27 York Place, Edinburgh EH1 3HP

http://www.yorkhouseedinburgh.co.uk/

7 York Place Luxury Apartments 約克廣場豪華公寓套房 £££

20 York Place, Edinburgh EH1 3EP

http://www.apartmentsroyal.com/York-place-apartments.html

8 Bus Station Backpackers 公車站背包客旅社▲

30a Dublin Street, Edinburgh EH3 6NN

9 The King James by Thistle 詹姆士王飯店（西索連鎖飯店）★★★★ ££～£££

107 Leith Street, Edinburgh EH1 3SW

http://www.thistle.com/en/hotels/united_kingdom/edinburgh/the_king_james/index.html

10 The Parliament House Hotel 議會飯店★★★££

15 Calton Hill, Edinburgh EH1 3BJ

http://www.parliamenthouse-hotel.co.uk/

11 Princes Street Suites 王子街豪華套房飯店★★★★£££

16 Waterloo Place, Edinburgh EH1 3EG

http://www.princesstreetsuites.co.uk/

12 Princes Street Backpackers East 城東王子街背包客旅社▲

5 West Register Street, Edinburgh EH2 2AA

13 Haggis Hostel 哈吉斯背包旅社▲

5/3 West Register Street, Edinburgh EH2 2AA

http://www.haggishostels.co.uk/

14 The Balmoral Hotel 巴摩洛飯店★★★★★£££

1 Princes Street, Edinburgh EH2 2EQ

http://www.thebalmoralhotel.com/

15 Royal British Hotel 皇家英倫飯店★★★£～££

20 Princes Street, Edinburgh EH2 2AN

http://www.royalbritishhotel.com/

16 Old Waverley Hotel 老華佛利飯店★★★★££～£££

43 Princes Street, Edinburgh EH2 2BY

http://www.theedinburghcollection.com/oldwaverley/

17 Le Monde Hotel 世界精品飯店★★★★££

16 George Street, Edinburgh EH2 2PF

http://www.lemondehotel.co.uk/

18 The George Hotel 喬治飯店★★★★£££

19-21 George Street, Edinburgh EH2 2PB

http://www.edinburghgeorgehotel.co.uk/

19 Royal Scots Club 蘇格蘭皇家俱樂部★★★£££

29-30 Abercromby Place, Edinburgh EH3 6QE

http://www.royalscotsclub.com/

20 No. 53 Frederick Street 弗德瑞克街 53 號 B&B £-££

53 Frederick Street, Edinburgh EH2 1LH

http://www.53frederickstreet.com/

㉑ **Frederick House Hotel** 弗德瑞克飯店★★★★£€
🏠 42 Frederick Street, Edinburgh EH2 1EX
http://www.frederickhousehotel.com/

㉒ **Royal Overseas League Hotel** 皇家海外聯盟飯店★★★£€
🏠 100 Princes Street, Edinburgh EH2 3AB
http://www.rosl-edinburgh.org/

㉓ **Castle View Guest House** 城堡美景客棧 £-££
🏠 30 Castle Street, Edinburgh EH2 3HT
http://www.castleviewgh.co.uk/

㉔ **Edinburgh Townhouse** 愛丁堡城區小屋 £-££
🏠 38 North Castle Street, Edinburgh EH2 3BN
http://www.edinburgh-townhouse.co.uk/

㉕ **Premiere Inn Edinburgh** 首選客棧連鎖飯店★★★££
🏠 122-123 Princes Street, Edinburgh EH2 4AD
http://www.premierinn.com/en/hotel/EDIPRI/edinburgh-city-centre-princes-street

㉖ **Tigerlily Hotel** 虎百合飯店★★★★£££
🏠 125 George Street, Edinburgh EH2 4JN
http://www.tigerlilyedinburgh.co.uk/

㉗ **The Macdonald Roxburghe Hotel** 麥羅伯格飯店★★★★££-£££
🏠 38 Charlotte Square, Edinburgh EH2 4HQ
http://www.macdonaldhotels.co.uk/our-hotels/the-roxburghe/

㉘ **The Hudson Hotel** 哈德森飯店★★★★££
🏠 9-11 Hope Street, Edinburgh EH2 4EL
http://www.hudsonhoteledinburgh.co.uk/

㉙ **Caledonian Backpackers** 蘇格蘭人背包客旅社▲
🏠 3 Queensferry Street, Edinburgh EH2 4PA
http://caledonianbackpackers.com/

㉚ **The Bonham Hotel** 伯南精品飯店★★★★£££
🏠 35 Drumsheugh Gardens, Edinburgh EH3 7RN
http://www.townhousecompany.com/thebonham/

㉛ **The West End Hotel** 西區旅社▲
🏠 35 Palmerston Place, Edinburgh EH12 5AU
http://www.thewestendhotel.co.uk/

㉜ **Caledonian Hilton Hotel** 蘇格蘭希爾頓連鎖飯店★★★★★£££
🏠 Princes Street, Edinburgh EH1 2AB
http://www.caledonianhiltonedinburgh.co.uk/

㉝ **Rutland Hotel** 羅德蘭飯店★★★★£££
🏠 1-3 Rutland Street, Edinburgh EH1 2AE
http://www.therutlandhotel.com/

㉞ **Reserve City Break** 城市度假套房 ££
🏠 16 Rutland Square, Edinburgh EH1 2BB

㉟ **Sheraton Grand Hotel & Spa** 喜來登 **SPA** 大飯店 ££££
🏠 1 Festival Square, Edinburgh EH3 9SR
http://www.starwoodhotels.com/sheraton/property/overview/index.html?propertyID=474

◆Old Town 舊城區

㊱ **Royal Mile Accommodation** 皇家大道公寓套房★★★★£-££
🏠 Old Tolbooth Wynd, Edinburgh EH8 8EQ
http://www.apartmentsroyal.com/royal-mile-apartments.html

㊲ **Jury's Inn Hotel** 陪審團飯店★★★£-££
🏠 43 Jeffrey Street, Edinburgh EH1 1DH
http://www.jurysinns.com/

㊳ **St. Christopher's Edinburgh** 聖克里斯多弗背包旅社▲
🏠 9-13 Market Street, Edinburgh EH1 1DE
http://www.st-christophers.co.uk/edinburgh-hostels

㊴ **Barceló Edinburgh Carlton Hotel** 巴伽羅飯店★★★★£££
🏠 19 North Bridge, Edinburgh EH1 1SD
http://barceloedinburghcarltonhoteledinburgh.priorguest.com/

㊵ **The Scotsman Hotel** 蘇格蘭人飯店★★★★★£££
🏠 20 North Bridge, Edinburgh EH1 1TR
http://www.thescotsmanhotel.co.uk/

㊶ **Brodies Hostels** 布羅弟背包旅社▲
🏠 93 High Street, Edinburgh EH1 1SG
http://www.brodieshostels.co.uk/

㊷ **Royal Mile Backpackers** 皇家大道背包客旅社▲
🏠 105 High Street, Edinburgh EH1 1SG
http://www.royalmilebackpackers.com/

㊸ **High Street Hostel** 大街背包旅社▲
🏠 8 Blackfriars Street, Edinburgh EH1 1NE
http://highstreethostel.com/

㊹ **Smart City Hostels** 精明城市背包旅社▲
🏠 50 Blackfriars Street, Edinburgh EH1 1NE
http://www.smartcityhostels.com/

㊺ **Radisson Blu Hotel** 麗笙酒店★★★★£££
🏠 The Royal Mile, Edinburgh EH1 1TH
http://www.radissonblu.co.uk/hotel-edinburgh

㊻ **The Bank Hotel** 銀行飯店★★★££
🏠 1 South Bridge, Edinburgh EH1 1LL
http://www.bankhoteledinburgh.co.uk/

㊼ **Ibis Edinburgh** 伊比斯連鎖飯店★★££
🏠 6 Hunters Square (Off The Royal Mile), Edinburgh EH1 1QW
http://www.ibishotel.com/gb/hotel-2039-ibis-edinburgh-centre/index.shtml

48 Myedinburghapartment 我的愛丁堡公寓套房 **££**
🏠 Royal Mile, Edinburgh EH1 1PE

49 Edinburgh Castle Apartments 愛丁堡古堡公寓套房 **£-££**
🏠 Royal Mile/Grassmarket, Edinburgh EH1 1RD
http://www.castleapartments.co.uk/

50 Euro Hostel Edinburgh Halls 歐洲背包旅社▲
🏠 4/2 Kincaids Court, Cowgate (Off Guthrie St.), Edinburgh EH1 1JH
http://www.euro-hostels.co.uk/edinburgh

51 Central Hotel 中央飯店 ★★★**£-££**
🏠 139 Cowgate, Edinburgh EH1 1JS
http://www.tailorshalledinburgh.co.uk/

52 Budget Backpackers 經濟背包客旅社▲
🏠 37-39 Cowgate, Edinburgh EH1 1JR
http://www.budgetbackpackers.com/

53 Castle Rock Hostel 古堡岩背包旅社▲
🏠 15 Johnston Terrrace, Edinburgh EH1 2PW
http://castlerockedinburgh.com/

54 Apex City Hotel 艾佩克斯城市飯店 ★★★★**££**
🏠 61 Grassmarket, Edinburgh EH1 2JF
http://www.apexhotels.co.uk/en/hotels/edinburgh/apex-city-hotel/

55 Apex International Hotel 艾佩克斯國際飯店 ★★★★**££**
🏠 31 Grassmarket, Edinburgh EH1 2JF
http://www.apexhotels.co.uk/en/hotels/edinburgh/apex-international-hotel/

56 Residence Inn by Marriott 萬豪套房酒店 ★★★★**££**
🏠 36 Simpson Loan, Edinburgh EH3 9GG
http://www.marriott.co.uk/hotels/travel/ediri-residence-inn-edinburgh/

57 Kenneth Mackenzie 肯尼麥肯錫公寓套房 ★★**£-££**
🏠 7 Richmond Place, Edinburgh EH8 9ST

●重要展演場地

1 Assembly Hall 藝聚劇院主廳
🏠 Mound Place, Edinburgh EH1 2LU
http://www.assemblyfestival.com/

2 Assembly George Square 藝聚劇院喬治廣場分部
🏠 George Square, Edinburgh EH8 9LH
http://www.assemblyfestival.com/

3 Assembly Roxy 藝聚劇院羅克西分部
🏠 2 Roxburgh Place, Edinburgh EH8 9SU
http://www.assemblyfestival.com/

4 Assembly St. Mark 藝聚劇院聖馬克分部
🏠 Cambridge Street Lane, Edinburgh EH1 2DP
http://www.assemblyfestival.com/

5 Bedlam Theatre 騷亂劇場
🏠 11b Bristo Place, Edinburgh EH1 1EZ
http://www.bedlamtheatre.co.uk/

6 C venues-C
🏠 Chambers Street, Edinburgh EH1 1HR
http://www.cvenues.com/

7 C venues-C aquila
🏠 Roman Eagle Lodge , Johnston Terrace/Royal Mile, Edinburgh EH1 2PW
http://www.cvenues.com/

8 C venues-C soco
🏠 Chambers Street and Cowgate, Edinburgh EH1 1HR
http://www.cvenues.com/

9 C venues-C too
🏠 St Columba's by the Castle, Johnston Terrace, Edinburgh EH1 2PW
http://www.cvenues.com/

10 Gilded Balloon Teviot 金色氣球劇院
🏠 Teviot Row House, 13 Bristo Square , EH8 9AJ
http://www.gildedballoon.co.uk/

11 Pleasance Courtyard 娛樂公園劇院
🏠 60 Pleasance, Edinburgh EH8 9TJ
http://www.pleasance.co.uk/edinburgh

12 Pleasance Dome 娛樂公園劇院圓頂廳
🏠 Potterow, 1 Bristo Square, Edinburgh EH8 9AL
http://www.pleasance.co.uk/edinburgh

13 Traverse Theatre 藝途劇院
🏠 Cambridge Street, Edinburgh EH1 2ED
http://www.traverse.co.uk/

14 Underbelly, Cowgate 開心紫牛劇院（牛欄劇院）
🏠 56 Cowgate (entrances on Cowgate and Victoria Street), Edinburgh EH1 1EG
https://www.underbelly.co.uk/

15 Underbelly's Pasture (E4 Underbelly & E4 Cowbarn) 開心紫牛劇院（布里斯托廣場）
🏠 Bristo Square, Edinburgh EH8 9AL
https://www.underbelly.co.uk/

⑯ **Zoo** 動物園劇院
🏠 140 The Pleasance, Edinburgh EH8 9RR
http://www.zoofestival.co.uk/

⑰ **Zoo Southside** 動物園劇院南方分部
🏠 117 Nicolson Street, Edinburgh EH8 9ER
http://www.zoofestival.co.uk/

⑱ **The Edinburgh Playhouse** 愛丁堡劇場劇院
🏠 18-22 Greenside Place, Edinburgh EH1 3AA
http://www.edinburghplayhouse.org.uk/

⑲ **Festival Theatre, Edinburgh** 愛丁堡節慶劇院
🏠 13/29 Nicolson Street, Edinburgh EH8 9FT
http://www.fctt.org.uk/festival_theatre/

⑳ **King's Theatre** 國王劇院
🏠 2 Leven Street, Edinburgh EH3 9LQ
http://www.fctt.org.uk/kings_theatre/

㉑ **Queen's Hall** 皇后音樂廳
🏠 85-89 Clerk Street, Edinburgh EH8 9JG
http://www.thequeenshall.net/

㉒ **Royal Lyceum Theatre** 藝文劇院
🏠 Grindlay Street, Edinburgh EH3 9AX
http://www.lyceum.org.uk/

㉓ **Usher Hall** 亞修音樂廳
🏠 Lothian Road, Edinburgh EH1 2EA
http://www.usherhall.co.uk/

㉔ **Famous Spiegeltent, The** 酒館沙龍藝篷
🏠 54 George Street, Edinburgh EH2 2LR
http://www.spiegeltent.net/

㉕ **Jazz Bar, The** 爵士酒吧
🏠 1A Chambers Street, Edinburgh EH1 1HR
http://www.thejazzbar.co.uk/

㉖ **Liquid Room, The** 流體空間
🏠 9C Victoria Street, Edinburgh EH1 2HE
http://www.liquidroom.com/

㉗ **Cabaret Voltaire** 伏爾泰小酒館
🏠 36-38 Blair Street, Edinburgh EH1 1QR
http://www.thecabaretvoltaire.com/

㉘ **Filmhouse** 電影之家
🏠 88 Lothian Road, Edinburgh EH3 9BZ
http://www.filmhousecinema.com/

㉙ **City Art Centre** 城市藝術中心
🏠 2 Market Street, Edinburgh, EH1 1DE
http://www.edinburghmuseums.org.uk/Venues/City-Art-Centre

㉚ **Fruitmarket Gallery, The** 水果市場藝廊
🏠 45 Market Street, Edinburgh EH1 1DF
http://fruitmarket.co.uk/

㉛ **Royal Scottish Academy, The** 蘇格蘭皇家學院
🏠 The Mound, Edinburgh, EH2 2EL
http://www.royalscottishacademy.org/

㉜ **The Scottish National Gallery** 蘇格蘭國家藝廊
🏠 The Mound, Edinburgh, EH2 2EL
http://www.nationalgalleries.org/visit/introduction-114

㉝ **Scottish National Portrait Gallery** 蘇格蘭國家肖像藝廊
🏠 1 Queen Street, Edinburgh, EH2 1JD
http://www.nationalgalleries.org/visit/introduction-298

㉞ **National Museum of Scotland** 蘇格蘭國家博物館
🏠 Chambers Street, Edinburgh EH1 1JF
http://www.nms.ac.uk/our_museums/national_museum.aspx

● 官方售票口

① **Fringe Shop and Box Office** 藝穗節總部
🏠 180 High Street, Edinburgh EH1 1QS
http://www.edfringe.com/contact-us/box-office

② **Fringe Half Price Hut** 藝穗節半價票亭
🏠 The Mound

③ **The Hub (Box Office)** 愛丁堡藝術節總部
🏠 Castlehill, Edinburgh EH1 2NE
http://www.hubtickets.co.uk/

④ **Tattoo Box Office & Shop** 愛丁堡軍樂節總部
🏠 32 Market Street, Edinburgh EH1 1QB
http://www.edintattoo.co.uk/contact

地圖索引 2（按字母排列）

凡例説明：<u>A Room in the Town</u> ❶ 1-B2
　　　　　↑　　　　　　　 ↑　 ↑
　　　　　名稱　　　　　 圖碼　地圖位置：1=MAP-1

推薦餐廳

A Room in the Town ⑮ 1-B2
Baroja Tapas Bar ㉜ 1-D5 /2-A6
Beanscene coffee & Music House ㊴ 2-C6
Bella Italia ㉞ 2-A5
Black Medicine Coffee ㊵ 2-B6
Blue Moon Café ❹ 1-A4
Broughton Delicatessen ❸ 1-A4
Café Rouge ⑰ 1-C2
Chocolate Soup ㊴ 2-A5
Conan Doyle Pub ❾ 1-B4
Costa Coffee ㉔ 1-D3
Costa Coffee ㉕ 1-C4
Deep Sea Fish & Chips ⑭ 1-A5
Double Dutch ㊲ 2-C6
Elephant House, The ㊺ 2-B5
Elephants & Bagels ㊶ 2-C6
Farmfoods ㊿ 2-C6
Fishers in the City ⑱ 1-C2
Frankenstein Pub Restaurant ㊹ 2-B5
Frankie & Benny's ⑪ 1-B5
Garden Café ㉗ 1-C3
Greggs ㊿ 2-C6
Iggs ㉝ 1-D5 / 2-A6
Kilimanjaro Coffee ㊾ 2-C6
L'Escargot Bleu ❶ 1-A4
La Garrigue ㉛ 1-D5 / 2-A6
La P'tite Folie ⑯ 1-C2
La Tasca ⑩ 1-B5
Lidl ㊾ 2-C6
Lloyd's No. 1 Bar ⑬ 1-B5
Marks & Spencer ㉚ 1-D3
Monster Mash Café ㊷ 2-C5
National Museum of Scotland (Balcony Café & Brassiere/Tower Restaurant) ㊸ 2-B5

Olive Branch Bistro, The ❷ 1-A4
Petit Paris ㊻ 2-B4
Rapido Caffe ❺ 1-A4
Sainsbury's ㉘ 1-B2
Sainsbury's ㉙ 1-C3
Sainsbury's ㊽ 2-C5
Slug & Lettuce ⑫ 1-B5
Smoke Stack ❻ 1-A4
Snug@Assembly Roxy, The ㊼ 2-B6
Starbucks Coffee ㉒ 1-D2
Starbucks Coffee ㉓ 1-C3
Starbucks Coffee ㊳ 2-A5
TESCO ㊾ 2-C6
The Dogs ⑳ 1-C2
The Dome (The Grill Room/The Club Room) ㉖ 1-C3
Treacle Bar & Kitchen ❽ 1-B4
Urban Angel ❼ 1-B4
Urban Angel Café ⑲ 1-C3
Wetherspoon Pub ㉑ 1-C2
Whiski Bar ㉟ 2-A6
Whiski Rooms ㊱ 2-A4

愛丁堡火車站周邊飯店

Albany Ballantrae Hotel ❸ 1-B4
Apex City Hotel ㊴ 2-B4
Apex International Hotel ㊵ 2-B4
Balmoral Hotel, The ⑭ 1-C4
Bank Hotel, The ㊻ 2-A5
Barceló Edinburgh Carlton Hotel ㊴ 1-D4 / 2-A5
Bonham Hotel, The ㉚ 2-A1
Brodies Hostels ㊶ 2-A6
Broughton Hotel B&B, The ❷ 1-A4
Budget Backpackers ㊾ 2-B5
Bus Station Backpackers ❽ 1-B3
Caledonian Backpackers ㉙ 2-A2
Caledonian Hilton Hotel ㉜ 2-A2
Castle Rock Hostel ㊾ 2-B4
Castle View Guest House ㉓ 1-D2
Central Hotel ㊿ 2-B5
Edinburgh Castle Apartments ㊾ 2-A5
Edinburgh Townhouse ㉔ 1-C1
Euro Hostel Edinburgh Halls ㊿ 2-B5

Frederick House Hotel 21 1-C2
George Hotel, The 18 1-C3
Glass House, The 4 1-B5
Haggis Hostel 13 1-C4
High Street Hostel 43 2-A6
Hudson Hotel, The 28 1-D1 /2-A2
Ibis Edinburgh 47 2-A5
Jury's Inn Hotel 37 1-D5 /2-A6
Kenneth Mackenzie 57 2-C6
King James by Thistle, The 9 1-C4
Le Monde Hotel 17 1-C3
Macdonald Roxburghe Hotel, The 27 1-D1
Myedinburghapartment 48 2-A5
No. 53 Frederick Street 20 1-C2
Old Waverley Hotel 16 1-C3
Parliament House Hotel, The 10 1-C4
Place Hotel, The 5 1-B4
Premiere Inn Edinburgh 25 1-D2 /2-A3
Princes Street Backpackers East 12 1-C4
Princes Street Suites 11 1-C4
Radisson Blu Hotel 45 2-A6
Ramsay's Bed & Breakfast 1 1-A4
Reserve City Break 34 2-B2
Residence Inn by Marriott 56 2-C5
Royal British Hotel 15 1-C4
Royal Mile Accommodation 36 1-D5
Royal Mile Backpackers 42 2-A6
Royal Overseas League Hotel 22 1-D2
Royal Scots Club 19 1-B3
Rutland Hotel 33 2-A2
Scotsman Hotel, The 40 1-D4/2-A5
Sheraton Grand Hotel & Spa 35 2-B2
Smart City Hostels 44 2-A6
St. Christopher's Edinburgh 38 2-A4
Tigerlily Hotel 26 1-D1
West End Hotel, The 31 2-A1
York House Hotel 6 1-B4
York Place Luxury Apartments 7 1-B4

重要展演場地

Assembly Hall 1 2-A4
Assembly George Square 2 2-C5
Assembly Roxy 3 2-B6
Assembly St. Mark 4 2-B3
Bedlam Theatre 5 2-B5
C venues-C 6 2-B5
C venues-C aquila 7 2-B4
C venues-C soco 8 2-B6
C venues-C too 9 2-B4
Cabaret Voltaire 27 2-A5
City Art Centre 29 1-D4 /2-A5
Edinburgh Playhouse, The 18 1-B5
Famous Spiegeltent, The 24 1-C2
Festival Theatre, Edinburgh 19 2-B6
Filmhouse 28 2-B3
Fruitmarket Gallery, The 30 1-D4 /2-A5
Gilded Balloon Teviot 10 2-C5
Jazz Bar, The 25 2-B6
King's Theatre 20 2-D3
Liquid Room, The 26 2-B4
National Museum of Scotland 34 2-B5
Pleasance Courtyard 11 2-B6
Pleasance Dome 12 2-C5
Queen's Hall 21 2-D6
Royal Lyceum Theatre 22 2-B3
Royal Scottish Academy, The 31 1-D3
Scottish National Gallery, The 32 1-D3 /2-A4
Scottish National Portrait Gallery 33 1-C3
Traverse Theatre 13 2-B3
Underbelly, Cowgate 14 2-B5
Underbelly's Pasture 15 2-C5
Usher Hall 23 2-B3
Zoo 16 2-C6
Zoo Southside 17 2-C6

官方售票口

Fringe Half Price Hut 2 1-D3
Fringe Shop and Box Office 1 2-A5
Hub, The (Box Office) 3 2-A4
Tattoo Box Office & Shop 4 1-D4 /2-A5

德奧，這玩藝！

—— 音樂、舞蹈 & 戲劇

蔡昆霖　鍾穗香　宋淑明／著

如果，你知道德國的招牌印記是雙B轎車，那你可知音樂界的3B又是何方神聖？如果，你對德式風情還有著剛毅木訥的印象，那麼請來柏林的劇場感受風格迥異的前衛震撼！如果，你在薩爾茲堡愛上了莫札特巧克力的香醇滋味，又怎能不到維也納，在華爾滋的層層旋轉裡來一場動感體驗？

曾經，奧匈帝國繁華無限，德意志民族歷經轉變；如今，維也納人文薈萃讓人沉醉，德意志再度登高鋒芒盡現。承載著同樣歷史厚度的兩個國度，要如何走入她們的心靈深處？讓本書從音樂、舞蹈與戲劇的角度，帶你一探這兩個德語系國家的表演藝術全紀錄。

國家圖書館出版品預行編目資料

愛戀‧顛狂‧愛丁堡：征服愛丁堡藝術節／廖瑩芝
著.――初版一刷.――臺北市：東大，2012
面；　公分

ISBN 978-957-19-3076-3　（平裝）

1. 文化觀光 2. 英國愛丁堡

741.729　　　　　　　　　　　　　　　101011852

© 愛戀‧顛狂‧愛丁堡
——征服愛丁堡藝術節

著 作 人	廖瑩芝
企劃編輯	倪若喬
責任編輯	倪若喬
美術設計	倪若喬　吳立新
發 行 人	劉仲文
著作財產權人	東大圖書股份有限公司
發 行 所	東大圖書股份有限公司
	地址　臺北市復興北路386號
	電話　(02)25006600
	郵撥帳號　0107175-0
門 市 部	(復北店)臺北市復興北路386號
	(重南店)臺北市重慶南路一段61號
出版日期	初版一刷　2012年7月
編　　號	E 901080

行政院新聞局登記證局版臺業字第○一九七號

有著作權‧不准侵害

ISBN　978-957-19-3076-3　（平裝）

http://www.sanmin.com.tw　三民網路書店

※本書如有缺頁、破損或裝訂錯誤，請寄回本公司更換。